L'ENVERS DES SENS

Avant de lire Georges Perec,
je croyais qu'un palindrome était une piste
où l'on jouait au palin.

Jeanloup SIEFF

L'ENVERS DES SENS

Gérard AIMÉ
Laurent GERVEREAU
Nathalie KRISTY
Véronique WILLEMIN

ÉDITIONS ALTERNATIVES

Remerciements

Un grand merci à toutes celles et ceux qui nous ont aidés dans nos recherches,
en particulier Louis-Pierre Jugeau.
Ainsi que Edmond Baudoin, Jean-Claude Baudot, Laurent Bonnel, Jacques Carelman
Laurence Degaubert, Corinne Dupuis, Patrice Hamel, Alain Fressange, Laurence Jantzen,
Christophe Jardin, Bernard Magné, la Mairie d'Issy-les-Moulineaux,
Francis Mandin, Sylvie Moinet-Fels, le musée de l'Érotisme,
le musée de la Carte à jouer à Issy-les-Moulineaux, Jean Langlois-Berthelot,
Annie Legrand, M.G.W. Segas, Stephane Suzanna, et Thomas,
de la librairie "Images", à Paris.
Sans oublier tous ceux qui ont souhaité rester anonymes.

Merci également à tous les amoureux des mots qui ont,
avec patience et passion, créé ou cueilli les perles citées ici :
Claude Gagnière "Pour tout l'or des mots" (Robert Laffont, bouquins, 1996)
Michel Laclos "Jeux de lettres, jeux d'esprit" (Jean-Claude Simoën, 1977)
Jacques Bens "Guide des jeux d'esprit" (Albin Michel, 1967)
Patrick Bacry "Les figures de style" (Belin, 1992)
François Caradec "Les jeux d'esprit", *in* Dictionnaire des jeux (Tchou, 1964)
Et bien sûr tous les membres de l'Oulipo, notamment Georges Perec et Luc Etienne,
ainsi que tous ceux que nous avons pu, par malheur ou Alzheimer, oublier.

Remerciements

INTRODUCTION

Ce livre est une devinette. Nous sommes habitués à regarder des images et à lire des textes. Chacun en oublie même que notre pauvre cervelle fait un travail de décryptage, devenu quasi réflexe. Ces images ou ces textes sont des codes que nous avons appris à “lire” et dont nous connaissons parfaitement les clefs. Mais parfois le sens premier n’est pas celui qui compte…

Dans les pages qui suivent, des esprits malins, comme dans une guerre secrète, ont glissé des messages à découvrir, un sens caché, et c’est celui-là qui importe. Attention, chaque page se lit séparément, textes et images se suivent sans lien. Si vous ne trouvez pas le sens caché de ces textes, si ces images restent hermétiques, retournez ce livre et repartez de la p.124. En lisant les solutions, vous pénètrerez dans une petite encyclopédie des procédés. Bon remue méninges…

INTRODUCTION

Rions noiR

Et la marine va, papa, venir à Malte

…et nul mot, ici, n'est tant léonin…

Quand je mets à vos pieds un éternel hommage,
Voulez-vous qu'un instant je change de visage ?
Vous avez capturé les sentiments d'un cœur
Que pour vous adorer forma le Créateur.
Je vous chéris, amour, et ma plume en délire
Couche sur le papier ce que je n'ose dire.
Avec soin de mes vers lisez les premiers mots :
Vous saurez quel remède apporter à mes maux.

Alfred de Musset

Cette insigne faveur que votre cœur réclame
Nuit à ma renommée et répugne à mon âme.

George Sand

Geographische Liebes-Räthsel
I. Serie aus Heinrich Heine's Buch der Lieder.
Doch
Wenn
Jch
Wenn
Jch
Jn
Deine
Augen
Küsse
Seh
So
So
Schwindel
Alt
Mein
LEID
Und
Die Worte sind in
1.
2.
3.
4.

WENN
Du
Sprichst
Jch
Jch
Liebe
Dich
So
Und
Gar
Muss
Jch
Gesund
Wenn
Jch
Mich
Lehn
Weinen
An
Deine
BITTERLICH
Brust
Kommts
Über
Mich
Wie
Himmelslust
benreihenfolge von oben nach unten zu lesen.

Plaintes d'une femme déçue...

L'hommage de leurs vers qu'à l'envi les poètes
A la femme déçue offrent, toujours ardent,
Flatte certes le but, mais n'apaise la quête :
L'attente a des plaisirs qu'on ne fait qu'un moment.

Aussi, jouet des vents qui l'hiver me rudoient,
Sur des talus où vont se fanant mes appas,
En un dense réduit où je n'ai point de joie,
Veux-je conter ce don que Thyrsis bafoua.

Las ! le pâle Thyrsis avait la mine austère :
Le sentant sur le banc près d'elle un peu tarder
L'amante bien des fois lui fit en vain la guerre
Ferme et froid cependant, jamais il ne doutait.

Pour voir se dénouer ce vœu, que de tendresse!
Que, docile à sa voix et promise à son lit,
J'eusse aimé dans ses bras m'adonner à l'ivresse !
Mais le vin que j'offrais jamais ne le conquit.

Ses doigts pouvaient jouer aux fous entre mes tresses,
D'un vent hardi parfois copiant les effets :
Il fallait à mon but d'autres riens, des caresses
Moins lourdes dont mon goût se fût mieux satisfait.

Aux livres confiée une peine farouche
Cède à des plaisirs doux qui lui prêtent un fard,
Mais l'ouvrage choisi quand j'abordai ma couche
Me fit perdre la tête et je luttai sans art.

Certain jour, face aux bois, je me crus bien lésée :
Le vent sifflait, la chasse au loup battait son plein ;
La bête bien tapie était près de l'orée :
Ah ! que le son du cor semblait clair et prochain !

Voyant un nid offert sur la mousse allongée,
Je sentis près de moi la peine qui fondait,
Quand presque quitte au but il m'a soudain laissée :
Il jouit de mon trouble et ne fit que passer.

"Achève, dis-je, et mets céans la vierge en terre !
Les couleurs de mon don te laissant sans émoi,
Accorde au moins ce but, cruel, à ma prière :
De ce fer qui fait mon envie, ah !, perce-moi !"

Il flétrit mes "ave" d'une parole amère :
Je priais pour gagner le plus mâle des sots !
D'un don coûteux je sus la cruelle misère :
Aux mythes pour le bien je renonçai tantôt.

Mais, que te mine un jour ta peine sur ces rives :
Ton cri restera vain ; ta voix clamant tes maux,
Pour ce mal que tu fis à l'amante naïve
Ne trouvera de mont qu'attendrisse l'écho !

La nurse de la belle grosse est toute rusée.

LADY LOVEKINS ET PERE MUFFAROO
PASSENT UNE BONNE JOURNÉE
Muffaroo se promène dans les foins avec Lovekins.
Elle voit deux petits nains qui jouent dans le foin.
Elle les entend ronfler, ils se sont endormis.
Elle s'éloigne sans bruit en emportant leur fourche.
Muffaroo lui montre un petit hibou qui s'est noyé.
Plus loin, ils traversent un ruisseau rapide.
7. Après avoir traversé, ils continuent leur promenade.
8. Soudain un grand hibou vole au-dessus d'eux.
9. C'est la mère du petit hibou, elle a les larmes aux yeux.
10. Muffaroo s'élance bravement à la chasse.
11. Plus loin, ils retrouvent les nains qui cabriolent dans le foin.
12. Puis ils rentrent chez eux, ils se sont bien amusés.

Caprice injuste et fou d'une femme inconstante,
Prix d'or de cet amour que je t'avais juré,
C'est ma vie que tu prends en prenant la tangente !
Fidèle, en t'attendant, je loge chez ma tante.
Ninon, reviens, reviens ! J'en ai trop enduré !

Je suis arrivé en retard au marché de
Rungis car, dès Stains,
la circulation était très dense.

LUNDI

mardi

mercredi

jeudi

vendredi

samedi

DIMANCHE

Que votre verbe soit en joie !

?
Chevaliers croisés défiant le Sultan Saladin — *Où est-il ?*
© Images d'Épinal

Eh !... Ça va, la vache ?

Oh ! Cet écho !

1505. Où sont-ils
E. M.

Ah ! L'Iran maudit vint à l'heure et, rêve ailé
A lire en mots divins, t'a le "Vrai" révélé.
Comment déjà, d'Islam à La mecque fidèle
Commandait jadis l'âme, Allah, mais que fit d'elle ?

Ainsi, tentait de voir en versets te citer,
Incitant tes devoirs envers cette Cité.
Là, c'est décrit cent fois, le regard d'Allah perce,
Lassé des cris sans foi, l'heureux garde la Perse.

Cher, cher athée errant, seul ivre d'aise, irai
Chercher à Téhéran ce livre désiré.
Ah ! par une aide à l'âme est, dit-on, le message
Apparu, né d'Allah. Méditons-le, mes sages.

A — V — queue — sept cartes — mât — pensée — 100 — veau — l' — œufs — verre —
V' — houé.
A.V.
100
l'
v'
Mod. Déposé
V.V.V.

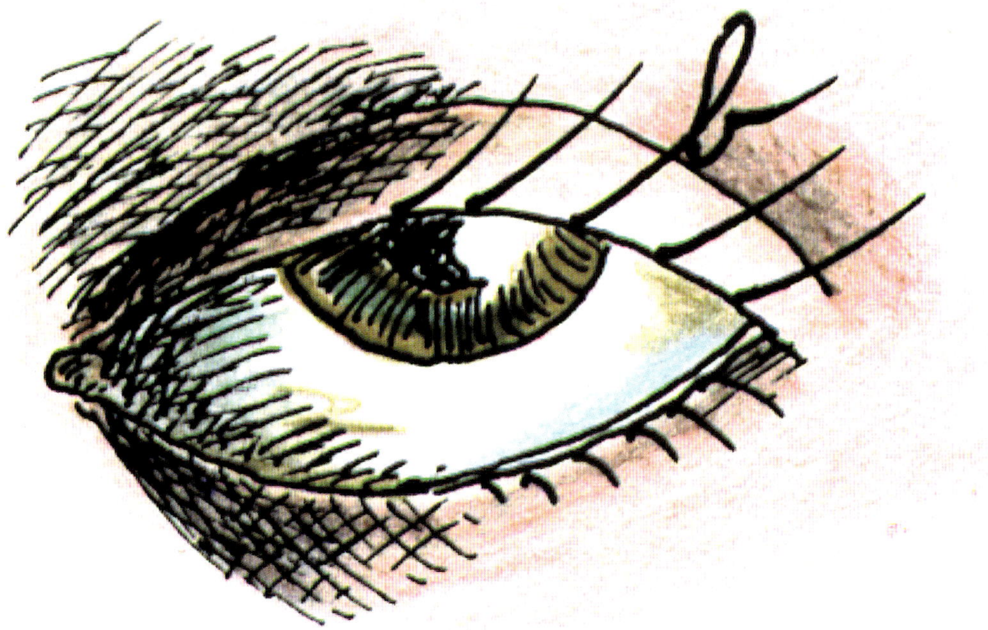

La lune aux oliviers

Ô cité douloureuse ! Ô cité quasi morte !
La nuit s'épaississait ainsi qu'une cloison.
Emu par ce superbe et tranquille horizon,
Le déluge fermait ses invisibles portes.

L'étendue enivra mon esprit et mes yeux.
Les arbres regonflés et recouverts d'écailles
Flottaient comme un tissu très fin dans l'or des pailles ;
L'univers étourdi penchait sur ses essieux.

Le soleil dans les flots avait noyé ses flammes.
Savions-nous, quand mourait le feu dont nous brûlâmes,
Tout ce qui doit mourir, tout ce qui doit cesser ?

La bonne flèche aiguë, et sa fraîcheur qui dure ?
Ô famille ! Ô mystère ! Ô cœur de la nature !
J'étais seul, l'autre soir, au Théâtre-Français.

WILSON
TARIFF
BILL
GILLAM

Je suis très émue de vous dire que j'ai bien compris l'autre soir que vous aviez toujours une envie folle de me faire danser ; je garde le souvenir de votre baiser et je voudrais bien que ce soit là une preuve que je puisse être aimée par vous. Je suis prête à vous montrer mon affection toute désintéressée et sans calcul, et si vous voulez me voir aussi vous dévoiler sans artifice mon âme toute nue, venez me faire une visite nous causerons franchement.
Je vous prouverai que je suis la femme sincère, capable de vous offrir l'affection la plus profonde, comme la plus étroite amitié ; en un mot, la meilleure preuve que vous puissiez rêver puisque votre âme est libre. Pensez que la solitude où j'habite est bien longue, bien dure et souvent difficile.
Accourez donc vite et venez me la faire oublier par l'amour où je veux me mettre.

Marguerite de Valois

CLAUDEL,
VOILÀ UNE CHOSE
QUI ME FAIT
BIEN PRIER !

L'homme insulté qui se retient
Est, à coup sûr, doux et patient.
Par contre l'homme à l'humeur aigre
Gifle celui qui le dénigre.
Moi je n'agis qu'à bon escient :
Mais gare aux fâcheux qui me scient !
Qu'ils soient de Château-l'Abbaye
Ou nés à Saint-Germain-en-Laye,
Je les rejoins d'où qu'ils émanent,
Car mon courroux est permanent.
Ces gens qui se croient des Shakespeare
Ou rois des îles Baléares !
Qui, tels des condors, se soulèvent !
Mieux vaut le moindre engoulevent.
Par le diable, sans être un aigle,
Je vois clair et ne suis pas bigle.
Fi des idiots qui balbutient !
Gloire au savant qui m'entretient.

CAPVT LVTERANORVM PRAEDICABILIVM,

Si quaeris Lector praesens quid monstret imago,
Ex hac Luteri noscere dogma potes,
Nam velut aspectu primo est sibi praeco colendus,
[illegible]
Splendida sic primo praecones verba Loquuntur,
Quae tamen in sese nil nisi fluxa tenent.

Wenn nach der Heyligen schrifft Lehr /
Fleisch fressen Euangelisch wer /
Vnnd man schetzt für gut / Ehr / vnnd recht /
Das ich andern vmb das sein precht /
Dörfft mich Raubens nit beschemen /
Munchen / Pfaffen / Das ihr nemen /
Nit Beichten / Betten oder Fasten /
An Fraw Venus ärmlein rasten /
So wolt ich alhie auff Erden /
Zeitlich zu einem Engel werden /
Vnd faren in den Himel loch /
Gleich wie ein Kuh ins ein Mauß loch.

C

E E

R R

I I

S S

E E

D D

E • E

T T

E j E

Q U E S T C
E Q U E L L
E A D O N C
F A I T L A P
E T I T E H I
R O N D E L
L E E L L E N
O U S A V O
L É T R O I S
P E T I T S S
A C S D E B
L E N O U S
L A R A T T
R A P E R O
N S L A P E
T I T E H I R
O N D E L L
E E T N O U
S L U I D
O N N E R
O N S T R O
I S P E T I T S
C O U P S D
E B A T O N

La poire était mûre

Le petit mammifère familier à poil doux, aux yeux oblongs et brillants, à oreilles triangulaires et griffes rétractiles, qui est un animal de compagnie et qui n'a pas encore atteint toute sa taille a cessé définitivement de jouir de la propriété essentielle des êtres organisés qui évoluent de la naissance à la mort en remplissant les fonctions qui leur sont communes.

PORTEZ
CE VIEUX WHISKY
AU JUGE BLOND
QUI FUME.

PIR	**VENT**	**VENIR**
UN	**VIENT**	**D'UN**

NENUPHAR

Quand Adam fut créé, tout seul il s'ennuya
Dans de vagues pensées trop souvent absorbé
Il suppliait son Dieu de les faire cesser
Dieu crut à ses désirs devoir enfin céder
L'homme en fut pour sa côte… Eve fut alors créée
Eve était séduisante et belle au premier chef
Depuis la création la race a peu changé
Et de plaire et séduire elle s'est fait la tâche
A force de l'aimer le monde s'arrondit
L'amour, ce doux plaisir, cette douce magie
Ne donnait que bonheur et jamais de tracas
La femme était constante et le mari fidèle
Que faire ! Ils étaient seuls, il faut bien que l'on s'aime
Pas de rivaux d'amour, pas d'ennuis, pas de haine
Oh ! c'était le beau temps des plaisirs, du repos
Tandis que de nos jours on voit l'homme occupé
Courbant sous le destin, par le besoin vaincu
Et pour qui le travail devenu nécessaire
S'assied à son chevet, le poursuivant sans cesse
Eh bien, soit ! travaillons et vive la gaîté
Que jamais le chagrin ne nous trouve abattu
J'ai vu soixante hivers ; je pense avoir trouvé
Des amis que je tiens en réserve au beau fixe
Je crois à ce bonheur ; comme moi, croyez-y
Et qu'un Dieu protecteur nous soutienne et nous aide.

Pactes nés en gags, et arts
A miroir. Palindrome borné,
Lieu cerné, île. L'errant idem
Inutile se rime. Servi, l'écho
N'aide : mû de rage, me trace tel fer
Dialectes ou duos. Et ce laid
Reflet écarté m'égare du médian.
Oh ! ce livre se mire, se lit uni,
Me dit : "Narre le lien ! Recueil
Enrobé mord !" Nil ? A priori, ma
Strates gagne sens et cap.

Raymond Roussel
Comment
j'ai écrit
certains de
mes Livres

O DS FMR

AID KN NE
O PI D IN
E L I A ET LV.
L S MIT AT.
LI ZL HOP
OKP HAUT
A V Q O
AB A HR
LUK EVKC.

15

Étonnamment monotone et lasse
Est ton âme en mon automne, hélas !

L'âme est moirée par mille émois sans torts
La mémoire est parmi les mois, Centaure.

Elle sort là-bas des menthes,
La belle Eve à l'âme hantée
Et le sort l'abat démente.
L'abbé laid va lamenter.

Rose au cœur violet

Se vouer à toi, Ô cruel
A toi, couleuvre rose
Ô vouloir être cause
Couvre-toi, la rue ose
Ouvre-toi, Ô la sucrée

Va ou surréel côtoie
Ô l'oiseau crève-tour
Vil os écœura route
Cœur violé osa tuer

Sœur à voile courte - écolier vous a outré
Curé, où Éros t'a violé - où l'écu osera te voir
Où verte coloriée sua - cou ouvert sera loi

Ô rire sous le couteau

CHANSON,

par un fils adoptif du commandant Aupick

Sois soumis, mon chagrin, puis dans ton coin sois sourd
Tu la voulais, la Nuit ; la voilà ; la voici :
Un air tout obscurci a chu sur nos faubourgs,
Ici portant la paix, là-bas donnant souci.

Tandis qu'un vil magma d'humains, oh, trop banals,
Sous l'aiguillon Plaisir, guillotin sans amour,
Va puisant son poison aux puants carnavals,
Mon chagrin, saisis-moi la main, là, pour toujours.

Loin d'ici. Vois s'offrir sur un balcon d'oubli,
Aux habits pourrissants, nos ans qui sont partis ;
Surgir du fond marin un guignon souriant ;

Apollon moribond s'assoupir sous un arc.
Puis, ainsi qu'un drap noir traînant au clair ponant
Ouïs, Amour, ouïs la Nuit qui sourd du parc.

Oak lair dollar loon her
Mona me peer row
Pretty'm what a bloomer
Poor ash rear urnmow
Mash an Delhi mortar
Shin ape lewder fur
Who frame what a porter
Poor lamb oar did yer !

THE BEGORRA BRIGADE.

Ce samedi matin, à la mi-carême,
Gisèle, la mère de la petite Madelon,
a mis une robe de popeline rose.
Du côté du salon, un cigare de
La Havane dégage son arôme délicat :
Anatole, l'amiral ami de Gisèle,
serine le Boléro de Ravel.

L’effeuilleuse

J’
a i
i c i
r e v u
c e t t e
v i s i o n :
h é t a ï r e
r e p e n t i e ,
l e s b i e n n e
v é n a l e m e n t
d é v e r g o n d é e ,
d é s h a b i l l a n t
i m p e r t u r b a b l e ,
v o l o n t a i r e m e n t
e x h i b i t i o n n i s t e ,
m a l i c i e u s e m e n t
s t r i p - t e a s e u s e ,
f r i s s o n n a n t e ,
a r a c h n é e n n e ,
c o u r t i s a n e
c o n s o m m é e
d é n u d a n t ,
p r e s q u e
c â l i n e ,
s e i n s ,
s e x e
r a s
n u
ô .

blason-oracle

G. touchant G sans en avoir l'R.
Selle et fait de mon âne archi-tranquille.
Jean chante. Aïssé tousse. Mon chant sera
la bourrée jusqu'à la faim.
Ile faux drap (et dé à dé) mollir les murs mûrs en
six lances pour que la grande heure nouvelle
sape roche sans fers de bruit sur lèche-mains.
Le mot ment, Eve nue !
Le rêve eunuque, jatte en dais !
Leur Eve nue,
Houle sublime, doigts, hêtre des nids aisés.

8. Je néglige mes trois maisons pour la chasse où sont mes trois maisons ?

QUIES QUIAM
ANGELUM
LAETORUM...
SED EQUOS
HAC AMBO TE
SOLIDO POST
FUMANT CUM
DE SUIS...

Aimons et admirons le chancelier Hitler !
L'Eternelle Angleterre est indigne de vivre.
Maudissons, écrasons le peuple d'outremer
Le nazi sur la terre sera seul à survivre.
Soyons donc le soutien du führer allemand
De ces navigateurs la race soit maudite.
A eux seuls appartient ce juste châtiment
La palme du vainqueur répond au vrai mérite.

Ayant beaucoup cueilli d'émouvantes fleurs grises
Herbe ! Ici jamais Kriss, lame malaise ni…
On pourrait quelquefois retrouver sans tristesse
Un vieux wagon…
Xavier ! Yvonne ! Zoé !

LE MONDE

La femme qui bat son mari.

Amour parfait dans mon cœur imprima
Nom très heureux d’une que j’aime bien
Non, non, jamais cet amoureux lien
Autre que mort défaire ne pourra.

Découverte magnifique !

L'IMAGE MYSTÉRIEUSE

Quelles bouilles !

RETOURNEZ

CE LIVRE

CE LIVRE

RETOURNEZ

Les cervelles obsédées de nos deux prétendants, qui s'entrechoquent, forment l'unique objet de leur désir mammaire, pour la plus grande satisfaction de la courtisée. Transplantation magique, métamorphose qui les fait coller à leur fascination. La pensée est organe. Ces siamois sont liés pour l'éternité à leur vue capturée. Jeu d'images associées.

(Voir document ci-dessous)

page 82

Cet acrostiche anonyme présente la particularité d'être double : ce sont les initiales et les finales de chaque vers qui composent doublement le nom de la femme aimée : ANNA. On remarquera que ce prénom palindromique peut également se lire de haut en bas et bas en haut. Qu'il soit amoureux ou satirique, l'acrostiche est toujours volontaire. Que penser alors de ce passage d'une tirade du *Horace* de Corneille (acte II, scène 3) ?:

S'attacher au combat contre un autre soi-même,

Attaquer un parti qui prend pour défenseur

Le frère d'une femme et l'amant d'une sœur

Et rompant tous ces nœuds, s'armer pour la patrie

Contre un sang qu'on voudrait racheter de sa vie,

Une telle vertu n'appartenait qu'à nous ;

L'éclat de son grand nom lui fait peu de jaloux…

page 83

Carte postale des années 1930 et permettant de voir le visage de Marlène Dietrich après l'avoir fixé en regardant alors ailleurs ou en fermant les yeux.
(Coll. part.)

Avez-vous vu ? Les effets d'optique, comme dans les hologrammes, jouent sur la persistance rétinienne. Ces hallucinations visuelles servent de jeux ou parfois permettent des mises en condition comportementales. Dans tout cela, le but est d'affirmer que ce que l'on voit n'est pas ce que l'on voit, qu'il existe une réalité cachée et que la vue trahit, qu'elle ment, qu'elle nous trompe. Quand, comme dans les théories de la gestalt, il s'agit juste de décrypter les mécanismes de perception et éventuellement d'en faire des vues poétiquement troublantes (M.C. Escher) ou artistiquement hallucinantes (Victor Vasarely développant à la fin des années 1950 l'*Op* – pour optical – *Art*), cela ne pose pas de problèmes déontologiques. Mais si ces propriétés sont instrumentalisées à des fins de conditionnement des individus, comme dans les sectes religieuses jouant sur la fragilité et la détresse de beaucoup de nos contemporains, voir le portrait obsessionnel de Marlène Dietrich ou de n'importe quel gourou n'est plus une facétie amusante. C'est de l'emprisonnement mental. Hallucinons en toute liberté.

Cercles concentriques utilisés pour provoquer l'illusion du mouvement lorsque le regard les fixe.
(Voir document page 86)

page 84

Cette ultime contrepèterie résonne comme un cri du cœur…
Quelles belles bouilles en vérité !
Quelles belles bouilles,
celles d'ici, celles d'en face,
celles du dessus, celles du dessous…
Si quelques malins trouvent ces bouilles trop connes, rappelons leur que le contrepet est, précisement, l'art de ne jamais dire connes, ni couilles…

page 85

Carte postale allemande vers 1900.
(Coll. part.)

La calvitie des bourgeois allemands vers 1900 précède celle, volontaire, du footballeur Barthez. Elle a la même forme ronde étrange et dérangeante. Dérangeante, parce que bien-sûr elle rappelle le crâne du mort. Dérangeante aussi parce que ce dôme rond est associé généralement aux rondeurs féminines. Alors rien d'étonnant à ce qu'une des très nombreuses cartes postales grivoises européennes de cette période se soit servie d'une pareille association de formes. Née le 1er octobre 1869 à Vienne, la *Korrespondenz-Karte* devient en effet illustrée à partir de 1870. C'est alors une vogue énorme dans le monde. L'érotisme l'envahit.

NVERSÉ. (I.re Planche.)

Les maisons éclairent le soleil et la lune.

Tout au long de l'histoire, les vers brisés permirent aux dissidents et aux insoumis d'exprimer leurs vraies convictions. Ainsi ce pamphlet qui circulait sous l'Empire :

Vive à jamais / l'empereur des Français.
La famille royale / est indigne de vivre :
Oublions désormais / la race des Capets,
La race impériale / doit seule lui survivre !
Soyons donc le soutien / de ce Napoléon.
Du comte de Chambord / chassons l'âme hypocrite :
C'est à lui qu'appartient / cette punition.
La raison du plus fort / a son juste mérite.

Des vers bonapartistes, mais des hémistiches royalistes.

page 79

Carte postale bilingue publiée à Paris en 1939-1940 avec une tirette découpée permettant de l'animer.
(Coll. part.)

1939-1940. La France et la Grande-Bretagne sont alliées contre l'Allemagne nazie. Avant la débâcle de 1940, elles s'installent dans ce qui sera qualifié par Roland Dorgelès de "drôle de guerre". La propagande, née en 1914-1918 dans le monde sous forme de "bourrage de crânes", est alors organisée, structurée. Elle se répand partout et les éditeurs privés en profitent à nouveau pour s'adapter à l'actualité. Une petite tirette (comme dans des jouets ou dans des livres) fabrique une image à transformation. Hitler est assommé par les deux poings de soldats qui ont scellé leur entraide. Mais s'agit-il de taper sur la tête ou de tirer par les cheveux l'occiput d'un dictateur de foire récriminant ? Le mot "tirez" semble bien indiquer que le méchant d'opérette est malmené par le système pileux. Il est ridiculisé. Hitler ne fait pas peur. Hitler est une baudruche. La guerre n'a pas vraiment commencé.
(Voir document page précédente)

page 80

Ce poème de Tristan Derème obéit à la contrainte de *l'abécédaire développé* : les initiales de tous les mots suivent strictement l'ordre alphabétique.

En voici un autre, romancé, de Michel Laclos :

A bord, chacun devait enlever facilement gants,
haut-de-forme inconfortables. Je kilométrais les
miles nouveaux ou, plutôt que râler stupidement,
tirais une voile wagnérienne…

page 81

Une des quatre images issue de la série de gravures de l'imagerie Pellerin à Epinal intitulée Le Monde renversé, *1830.*
(Coll. part.)

Cette gravure fait partie d'une série publiée par l'imagerie Pellerin à Epinal vers 1830 sous le titre *Le monde renversé.* Issues d'une tradition italienne au XVIe siècle, ces vues drôlatiques d'un univers où les repères se permutent gagnent toute l'Europe. Elles participent du même esprit que le carnaval, c'est-à-dire des temps où les règles sont transgressées. Alors on voit le bœuf découper le boucher, comme dans une fable. Parfois cela génère des scènes étranges, quand "Les maisons éclairent le soleil et la lune" *(Voir document page de droite)* ou un homme "pêche des oiseaux". Si le chien "conduit son maître au chenil", il n'y a pas de doute sur la bizarrerie du propos (Alain Chabat s'est resservi récemment du procédé au cinéma avec *Didier*). Mais "La femme qui bat son mari" fait percevoir toute la distance culturelle nous séparant de ces années. D'abord, cela ne fait pas rire. Ensuite, on pense qu'elle le bat parce qu'il sort saoûl du bistro. Et la situation n'est pas si invraisemblable. Comme le monde est renversé, c'est le mari saoûl qui bat régulièrement sa femme. Voilà la normalité. Le monde renversé est donc vraiment aussi une manière d'interroger ce fameux monde dit "normal".

TIREZ

l'expression "raconter des cracs", c'est-à-dire inventer des histoires abracadabrantes. Ce baron a réellement existé. Il s'agissait d'un officier à Hanovre (1720-1797) ayant tendance à se vanter. Ses hâbleries ont inspiré en 1785 à l'écrivain Rudolf Erich Raspe, Allemand exilé en Angleterre, les fameuses "Aventures". Elles eurent un énorme succès. Le monde n'est pas le monde. ce qu'on voit n'est pas ce qu'on voit, car l'imaginaire soulève les montagnes, voilà la leçon révolutionnaire du baron. Crac (ou Münchhausen) n'est pas ridicule. Il ne fait pas seulement rire. Il déstabilise l'ordre établi. Le réalisateur Terry Gilliam le remettra d'ailleurs à la mode dans un film. Avec cette assiette comique du XIXe siècle, le propos est certes plus ludique, comme dans les devinettes d'Epinal. Mais ce British Mr. Crakfort est bien un passeur d'univers à l'envers. L'homme se fait plus grand que les maisons. Le paysage devient habitation. La société a perdu ses règles.

page 76

Cafetière pour masochistes *de Jacques Carelman, faisant partie du* Catalogue d'Objets introuvables *publié la première fois chez Balland en 1969.*
(Coll. part.)

Jacques Carelman a publié pour la première fois le *Catalogue d'objets introuvables* en 1969. Inspiré du catalogue des armes et cycles de Saint-Etienne, il s'inscrit dans la fascination qu'avaient aussi Jacques Prévert ou Raymond Queneau de l'ordre du désordre, le rationnel de l'irrationnel. La fantaisie demande beaucoup de logique. L'Oupeinpo (Ouvroir de peinture potentielle), auquel appartient Carelman, participe de ce même sérieux mis à développer des glissements progressifs du sens. Le spectateur regarde cette cafetière. Il ne fait pas forcément attention à son incongruité. La légende provoque une vision imparable : celle de la brûlure. Cet objet est donc un piège. Il doit nous avertir : nos évidences sont des leurres. Les objets résistent. Chaque matin, une cafetière peut nous brûler *exprès*.

page 77

Une inscription latine en pur latin de cuisine ! Là encore, c'est en lisant à haute voix le texte qu'on en découvre le sens caché :
Qui est-ce qui a mangé l'omelette au rhum ?
C'est deux Cosaques en bottes, solides au poste,
fumant comme des Suisses.
A rapprocher de la citation grecque bien connue :
Ouk elabon polin ; alla gar apasi elpis êphê kaka ,
dont le sens est à peu près "Ils n'ont pas pris la ville; en effet, l'espoir fut pour tous néfaste", et dont le son donne : "Où qu'est la bonne Pauline ? A la gare à Passy, elle pisse et fait caca..."

page 78

Derrière cette indigne profession de foi, qui circulait en France sous l'occupation allemande, se cache un tout autre message.
La méthode utilisée ici est celle des *vers brisés*. Il suffit de couper le vers en deux hémistiches et de les lire colonne par colonne.

Le sens en est tout autre :
Aimons et admirons
L'Eternelle Angleterre
Maudissons, écrasons
Le nazi sur la terre
Soyons donc le soutien
De ces navigateurs
A eux seuls appartient
La palme du vainqueur
le chancelier Hitler
est indigne de vivre.
le peuple d'outremer
sera seul à survivre.
du führer allemand
la race soit maudite.
ce juste châtiment
répond au vrai mérite.

le jeu est plus troublant encore, car l'image première reste d'une grande poésie. Elle n'est ni un gag, ni une transposition charnelle. Voilà donc deux versions sans rapport, qui se suffisent chacune à elle-même. D'abord une image entre photographie et lavis, rappelant symbolistes et surréalistes, fondée sur l'irréel, le songe. Puis une offrande dont la nature ne peut nous échapper. Elle est d'autant plus troublante que sa matière reste indécise (marbre ou chair ? sculpture ou peinture ?). Le rajout du visage à grand nez épice le tout d'impertinence. Laissons circuler les objets poétiques indéterminés. *(Voir document ci-dessous)*

page 74

Ce texte de Jean Cocteau n'a réellement de sens que s'il est lu à haute voix (et encore...). C'est ce qu'on appelle une *traduction homophonique*, c'est-à-dire le remplacement des mots d'un texte donné par d'autres mots identiques phonétiquement mais de sens et d'orthographes différents. Une fois retraduit, le texte de Cocteau devient :

J'ai tout changé sans en avoir l'air.
C'est l'effet de mon anarchie tranquille.
J'enchante. Haïssez tous. Mon champ sera
labouré jusqu'à la fin.
Il faudra aider à démolir les murmures en
silence pour que la grandeur nouvelle
s'approche sans faire de bruit sur les chemins.
Le moment est venu !
L'heure est venue que j'attendais !
L'heure est venue
Où le sublime doit être déniaisé.

Si l'homophonie est le principe fondateur de la rime en poésie, elle est aussi une source d'inépuisables variations autour de la langue et des mots. Les membres de l'Oulipo (évidemment !) en ont exploré avec virtuosité toutes les potentialités. Ainsi, la chanteuse lyrique Montserrat Caballé leur a inspiré une série de 101 homophones, indissociables des commentaires extravagants qui les justifient.

En voici un, de Jacques Bens :

Le concert de Thelonious n'a pas eu de succès.
Ses détracteurs avaient organisé un douloureux chahut :
- Monk, c'est raté : cabale y est.

page 75

Assiette en porcelaine de Choisy-le-Roy faisant partie d'une série de devinettes dans l'esprit des imageries d'Epinal (XIXe siècle). Regardez les combinaisons de maisons sous les jambes du personnage. Et puis, fouillez. (Coll. part.)

En France, les *Aventures du Baron de Münchhausen* inspirèrent une comédie de Collin d'Harleville en 1791 intitulée M. *de Crac dans son petit castel*, à l'origine de

monde de l'Islam n'a pas toujours été prude, comme veulent le faire croire certains pratiquants radicaux d'aujourd'hui. L'imbrication étrange des corps pour la pénétration, avec toutes les positions et les combinaisons possibles, a été depuis longtemps une source d'inspiration pour les artistes (à Rome ou en Inde). Cette miniature ottomane est cependant exclusivement hétérosexuelle, même si elle s'inscrit dans une copulation de groupe. Elle suggère (en Chine pareillement à la même époque) un amour serein, épanoui, de consentement mutuel, dont l'aspect précieux et rêveur du cavalier tenant une grande fleur (tige et rondeurs roses) devient l'étendard. La conjonction des corps nus se fait à découvert. Elle évoque l'érotisme du mouvement binaire d'un cavalier au galop dans une composition à la Arcimboldo. Le contenant et le contenu se rejoignent dans cet hymne "peace and love", hippie avant la lettre, comme sont caricaturées les obsessions des princes et des bourgeois autour de 1900 dans les cartes postales.
(Voir document page précédente)

page 72

Ce poème en losange (de David P. Massot) ne cache pas de message secret, ni de double sens. Son mystère réside en fait dans la contrainte qui a présidé à sa fabrication : c'est la méthode de *la boule de neige*, qui consiste à construire un texte dont les mots augmentent progressivement d'une lettre. Parvenu à un certain degré (ici, un mot de 15 lettres), il suffit de redescendre de la même façon jusqu'à un dernier mot d'une seule lettre. La boule de neige est dite alors *fondante*.

L'exercice était connu dès l'Antiquité sous le nom de *vers rhopaliques* ou *vers euryaliques* : c'était alors le nombre de syllabes, et non de lettres, qui augmentait progressivement à chaque vers.

Mais c'est l'Oulipo qui, en multipliant les variantes et les difficultés, a donné à cette figure ses lettres de noblesse. Un nouvel exemple suffira à s'en convaincre, ce losange à augmentation exponentielle (1, 2, 4, 8, 16...) :

A
C e
C l o u
A c c r o c h e
C é r é m o n i e u s e m e n t
C e r t a i n e
R i m e
E n
A

page 73

Création du dessinateur Edmond Baudouin d'après une photo de Véronique Willemin montrant un détail de la sculpture L'Aurore *de Denys Puech au musée d'Orsay (1901).*

Ce personnage étrange, rêveur, près d'un nuage blanc du dessinateur Baudouin est un coquin voyeur glissé subrepticement sous le cul majeur d'une sculpture de Denys Puech (1854-1942). Nous savons combien la peinture et la sculpture européennes des XVIIIe et XIXe siècles ont, sous prétexte de mythologie, d'histoire ou de symboles (ici "L'Aurore"), glissé dans nos paysages mentaux des fantasmes de chair. Alex Varenne, autre auteur de bande dessinée, s'était d'ailleurs inspiré du décor de l'Opéra de Paris pour une rêverie érotique. Là ,

page 68

Tout le monde – les anglophones comme les non-anglophones – aura reconnu dans ce poème anglais la transcription phonétique de "Au clair de la lune". (œuvres complètes de Lord Charles, de John Hulme *La Découverte*, 1984.)

page 69

Carte à jouer anglaise de la fin du XIXe siècle.
(Musée de la carte à jouer, Issy-les-Moulineaux)

Partie de défilé. Partie de cartes. Ces braves petits soldats avaient une coiffe idoine. Nous rejoignons là véritablement le domaine du jeu visuel. Nulle intention cachée, car il serait véritablement anachronique de songer à une quelconque intention antimilitariste. Ces soldats de plomb qui défilent au pas avec leurs bouilles caricaturées quasi semblables, la poitrine gonflée, sont là pour faire rire. C'est tout. Dans le ludique, le tout-à-trac visuel rajoute à la fonctionnalité des instruments (les cartes). Nul étonnement donc que ces outils du divertissement aient connu beaucoup de variantes facétieuses. L'Egypte antique pratiquait déjà l'usage de figurines sculptées. Le jeu de senet consistait en pions et cases sous la XVIIe dynastie (1600-1550 av. J-C.). Certaines présentaient des gravures mythologiques. Le jeu s'inspire depuis la préhistoire des apparences du réel pour le transformer. Concernant nos cartes anglaises, il s'agit plus prosaïquement de s'amuser du quotidien avec truculence, dans l'esprit du dessinateur Hogarth.

page 70

Que cache donc ce court texte de Georges Perec (tiré de *Perec/rinations*) ? Pas de sens secret, mais un secret de fabrication.

Vous ne voyez pas ? Cherchez bien… Toujours rien ? Allez, faites un effort… Pour vous aider, je ne vous dirai que ceci : "consonne… voyelle… consonne… voyelle…" Vous en reprendrez bien un autre, du même Perec : *Un derviche tourneur qui cuisinait sans sel habita notre demeure*. Un, deux, trois, quatre… (chaque mot commence par l'initiale des nombres de 1 à 10).

page 71

Miniature ottomane réalisée à Constantinople vers 1780 et carte postale envoyée de Saïgon en 1909.
(Coll. part.)

L'amour est une folle cavale montée par un coursier galant. Cette partouze à cheval est issue d'une miniature turque du XVIIIe siècle. Elle montre d'ailleurs que le

vie-mort à Tlatilco au Mexique, par exemple), se caractérise ici grâce à un jeu graphique. Pareille métamorphose, rejoignant d'ailleurs les développements de la psychanalyse, associe le masculin et le féminin ou le bébé et le vieillard. Au-delà de l'amusement, de l'incongru consistant à combiner ce qui n'a rien à voir, il s'agit d'une réflexion philosophique. Nos braves hommes-boules bizarres sont des visions du monde.

Musée d'anthropologie, Mexico. (*Voir document page de gauche*)

page 66

Couloir orné d'une fresque par Emmanuel Maignan en 1642 au couvent de la Trinité-des-Monts à Rome. L'anamorphose devient lisible à l'entrée et montre saint François de Paule. (*Photo X-DR*)

Voilà un étonnant exemple d'anamorphose. Lorsque l'on regarde la fresque de ce couloir, elle est très étrange, quasiment abstraite. Le spectateur se dit, surtout en 1642, qu'il existe une clef. La clef, c'est le point de vue : regardée sous un autre angle, la scène devient compréhensible. Emmanuel Maignan a composé cette peinture de saint François de Paule au couvent de la Trinité-des-Monts à Rome suivant une mode lancée par Vignole en 1530 dans *Deux règles*. Il fallait vraiment la révolution mentale de la Renaissance italienne et ses travaux sur la perspective pour que pareilles fantaisies soient initiées. Elles supposent plusieurs facteurs : des recherches scientifiques ; le développement de l'art, c'est-à-dire de créations qui ne soient pas seulement une manière de rendre esthétique le culte divin ; une conception religieuse occupée du jeu sur les apparences. Mais le message de notre anamorphose, sa clef, n'est pas subversive, ni en opposition avec ce qui est vu (comme ces tableaux de jeunes personnes, belles et riantes, présentant l'anamorphose d'une tête de mort, dans ce qui est qualifié alors de "vanité"). Non, nous comprenons seulement que c'est grâce au bon point de vue que nous saisissons le monde, que si nous ne nous plaçons pas au bon endroit nous sommes aveugles. La Bible doit être la clef qui nous ouvre les porte de l'intelligibilité face à ce qui nous entoure, sinon nous sommes égarés, perdus, ébahis devant un spectacle absurde. Voilà donc déjà de la propagande par l'image.

(*Voir document page 97*)

page 67

Ce sonnet est l'œuvre conjointe de Charles Baudelaire et de Georges Perec. Il s'agit d'un *lipogramme*, c'est-à-dire un texte dans lequel on s'astreint à ne pas faire entrer une lettre particulière de l'alphabet. La lettre ici proscrite est le e, et le texte lipogrammisé est le fameux poème de Baudelaire, "Recueillement" : *Sois sage, ô ma douleur, et tiens-toi plus tranquille / Tu réclamais le soir, il descend ; le voici : / Une atmosphère obscure enveloppe la ville, / Aux uns portant la paix, aux autres le souci. / Pendant que des mortels la multitude vile, / Sous le fouet du Plaisir, ce bourreau sans merci, / Va cueillir des remords dans la fête servile, / Ma douleur, donne-moi la main ; viens par ici, / Loin d'eux. Vois se pencher les défuntes années, / Sur les balcons du ciel, en robes surannées ; / Surgir du fond des eaux le Regret souriant ; / Le Soleil moribond s'endormir sous une arche, / Et, comme un long linceul traînant à l'Orient, / Entends, ma chère, entends la douce Nuit qui marche.*

Rappelons que le commandant Aupick était le beau-père de Baudelaire.

Le lipogramme remonte à l'Antiquité. Nombreux sont ceux qui l'ont pratiqué, en grec, en latin et, plus récemment, en italien, en espagnol, en allemand ou en français. Mais l'incontestable virtuose en la matière est Georges Perec, qui composa un roman de plus de trois cents pages, *la Disparition* (le poème présenté ici en est extrait), d'où la lettre *e* est totalement absente (cette lettre est pourtant la plus employée dans la langue française). Notons cependant que, au-delà du tour de force que constitue le renoncement volontaire à une ou plusieurs lettres de l'alphabet, le lipogramme est l'état normal de toute phrase (à l'exception des pangrammes cités plus haut). Ainsi, du paragraphe qui précède, on pourrait dire qu'il est un lipogramme en J, K, W, Y et Z…

RÉCOLTE DE LA TOMATE PAR DES CARDINAUX APOPLECTIQUES
AU BORD DE LA MER ROUGE
(Effet d'aurore boréale.)

15

page 61

*Planche de l'*Album Primo-Avrilesque *d'Alphonse Allais, publié chez Paul Ollendorff à Paris en 1897.*
(Coll. part.)

Voilà une date fondamentale dans l'histoire de l'art : les premiers tableaux abstraits. En 1897, chez l'éditeur Paul Ollendorf, l'écrivain Alphonse Allais fait paraître un *Album Primo-Avrilesque*. Sous prétexte d'humour, il reproduit sept tableaux monochromes de couleurs différentes commençant par une œuvre prétendûment fondatrice (en noir) : *Combat de nègres dans une cave, pendant la nuit*. Ce travail s'inscrit dans la tradition lancée le 1er octobre 1882 à Paris des "Arts incohérents". Sous prétexte de farce, ces artistes et écrivains devancent beaucoup d'innovations créatrices du XXe siècle, certaines avec un rapport direct (la dimension d'humour chez Marcel Duchamp), d'autres par une démarche différente (le *Carré noir* de Kasimir Malevitch). De toute façon, leur manière d'associer la forme et le langage sera une constante de beaucoup de recherches du siècle suivant. Rigoler, c'est innover.
(Voir document page de droite)

page 62

Attirée par toutes les contraintes, Louise de Vilmorin n'a pas résisté à celle des vers olorimes. Bravo !

page 63

Jeu du XIXe siècle permettant de confectionner, avec des rectangles de carton illustrés, un nombre considérable de paysages différents, car chaque rectangle peut se joindre à n'importe quel autre. *(Coll. part.)*

Les permutations, les jeux combinatoires, sont une constante des mathématiques. C'est aussi une manière de regarder le monde. Voilà ce qu'avait compris l'écrivain Raymond Queneau en publiant en 1961 *Cent mille milliards de poèmes* (des bandelettes de vers peuvent s'agencer à volonté). Ici, bien avant Queneau et sa "littérature combinatoire", le panorama, longue bannière que l'on n'embrasse jamais vraiment, nécessitant de tourner les yeux ou la tête, est construit comme une histoire. Il inspire les premières bandes dessinées, parce que, comme il ne peut pas être vu d'un seul coup, il suppose du temps, donc la succession d'actions différentes. La célèbre tapisserie de Bayeux fonctionne de cette manière-là. Elle constitue un immense spectacle qui se déroule et, à mesure qu'on le découvre, on avance dans le temps en suivant les étapes d'un débarquement en Angleterre et d'une bataille. Mais déjà dans les villas romaines, certaines frises peintes sur les murs ne répétaient pas le même motif décoratif mais suggéraient le développement d'une action. Ici, c'est encore mieux. Comme dans le virtuel où chacun interagit et transforme le décor, on bâtit le monde. Par permutations, le joueur est Dieu.

page 64

Les vers de ce poème de Nora Mitrani et de Hans Bellmer, auquel Joël Bousquet a collaboré, sont autant d'anagrammes du titre.

page 65

Estampe japonaise réversible, vers 1850.
(Coll. part.)

Sens dessus-dessous. Ces espèces de gnômes japonais se retournent comme un gant. Tristes ou gais, menaçants ou rêveurs, ils dépassent le seul jeu des formes. Dans un palindrome visuel, nous avons affaire à une affirmation de la dualité de la nature humaine, issue de la tradition chinoise taoïste. Pour elle, le monde est mû par la conjonction des contraires. L'opposition crée la dynamique. De plus, chaque individu s'avère double. Ce qui s'est exprimé dans la tradition occidentale à travers Janus (le dieu romain aux deux visages) ou dans d'autres civilisations avec des masques asymétriques présentant des sentiments ou des réalités opposés (masque

Il fut fort comme Hercule et beau comme Thyr 6
Pleurez, braves soldats, ce grand homme hic ja 7
Il mourut en novembre et de ce mois le 8
Strasbourg contient son corps en un tombeau tout 9
Pour tant de Te Deum, pas un De profun 10

Si on fait le total des rimes, on obtient 55, soit l'âge auquel est mort le maréchal de Saxe.

page 58

Une double figure à double sens ! Un sommet de la virtuosité, signé Stéphane Suzana !
Si le sens est obscur, les doubles sens sont brillants.
D'abord l'acrostiche : les premières lettres de chaque vers forment le mot *PALINDROMES*. Or précisément, et c'est là que l'auteur touche au sublime, il s'agit d'un palindrome, ou plutôt du cœur d'un palindrome de 3 993 caractères (nous épargnerons au lecteur la décomposition de ce nombre en facteurs premiers, qui constitue à son tour un palindrome !). Le centre de ce cœur est la lettre D de "duos". Duos, double, double sens... Devant une telle maestria, il n'y rien à ajouter.

page 59

Photo de Miller Levy,
Comment j'ai écrit, *1980.*
Elle est reprise dans son ouvrage
L'Aprèshistoire *paru en 2000 à*
la Maison européenne de la photographie.
(Coll. part.)

Pour ce photographe contemporain, tout est dans l'image. Il travaille au pied de la lettre. Raymond Roussel, écrivain dandy ayant fasciné les surréalistes (*Impressions d'Afrique*, *1910*), décide de raconter *Comment j'ai écrit certains de mes livres*, qui paraîtra en 1935 après sa mort. Il détaille alors les procédés de construction imaginaire permettant de bâtir ses récits baroques. Miller Lévy rassemble donc la méthode, l'outil (le porte-plume) et l'acte (écrire à la main sur papier). Ce petit gag – la méthode pèse matériellement sur l'outil – en fait une composition poétique. Il réalise un collage vivant. De l'incongru naît la poésie. Il nous dit comment il a fait sa photographie : détourner le quotidien, pousser la logique des actes, écrire en images.

page 60

Cet alignement de lettres n'a de sens que s'il est lu à haute voix. C'est ce qu'on appelle indifféremment *l'alphabet parlant*, le *récit alphabétique*, le *rébus lettrique* ou *l'écriture phonétique*.
Le texte présenté ici est le résumé d'un roman dont l'auteur n'est autre qu'Alphonse Allais, sous le pseudonyme de Culot-Dulascart.
Le titre de cette œuvre est : O *déesse éphémère*, et le résumé doit se lire ainsi :
Haydée Cahen est née au pays des hyènes et elle y a été élevée. Elle est sémite et athée. Elie Zédé l'a chopée occupée à chahuter avec Huot, abbé à Achères, et Lucas, évêque à Sées.
Séduit par cette contrainte, le peintre surréaliste Marcel Duchamp donnera pour nom à sa Joconde moustachue : LHOOQ.

Moins triviale, Louise de Vilmorin composera un véritable poème :

ABI ABI
G AC CD ME OBI
E WQ REV FUI
OJVMO MIL MR
ABI ABI
LN MA FY LHR LET...
(Abbaye, abbaye,
J'ai assez cédé, aimé, obéi
Et double vécu et rêvé et fui.
Ogive et émaux et miel et mer
Abbaye, abbaye
Hélène aima et fit grec et la chair et l'été...)

attirer l'attention : glisser des messages cachés en le signifiant grâce à un abord bizarre, abscons, devient méthode de propagande. Cette image inversée préfigure la technique publicitaire du "teasing" où une première campagne est destinée à surprendre, sans pouvoir savoir de quoi il s'agit, avant que la seconde n'apporte sa "révélation". Les artistes psychédéliques, à l'encontre de toute l'imagerie politique ou commerciale de l'époque, faisaient du teasing "deux-en-un". A la limite de la lisibilité, flirtant avec l'invisible, usant de couleurs complémentaires intenses brouillant le regard, ils lançaient des images à décrypter, improbables surfaces pour navigations visuelles.

pages 54 et 55

Tableau anonyme provenant des Pays-Bas méridionaux et représentant un paysage anthropomorphe, deuxième moitié du XVIe siècle.
(Musée royal des Beaux-Arts de Belgique)

Donner du sentiment au paysage. Nous ne sommes plus ici chez Arcimboldo qui formait des personnages par accumulation d'objets révélant leur personnalité. C'est l'extérieur, le paysage lui-même qui s'anime en faisant découvrir un géant à la Gulliver. En fait, les changements d'aspects de la nature, liés aux effets climatiques et aux heures du jour, sont à la base de réflexes panthéistes, c'est-à-dire – pour se rassurer – d'une association entre son environnement et des dieux. Même composites, ils prennent souvent une forme ou des comportements humains : cela rapproche, permet de parler à ces dieux, de tenter de les amadouer par des offrandes, des sacrifices, pour obtenir leurs bonnes grâces (car ainsi ils sont censés réagir comme des humains). Un tel personnage-paysage réalisé à la fin du XVIe siècle aux Pays-Bas relève d'une pareille fascination. Les hommes ne sont que des moucherons grattant la terre – la "peau" verte d'un être mutant qui les dépasse tout en ayant leurs traits. Dieu est un homme. Mais c'est Dieu. Il humanise le vide et ainsi chacun peut lui causer.

page 56

Planche "Nénuphar" du dernier ouvrage illustré de Grandville, intitulé Les Fleurs animées. *Il est paru de façon posthume l'année de sa mort, en 1847. (Coll. part.)*

La métamorphose constitue un des procédés les plus fréquents des contes, des caricatures ou des masques. Elle vient d'une observation attentive de la nature qui incite à penser une continuité formelle entre végétaux, animaux, minéraux et humains. Alors chacun fait des comparaisons et attribue des sentiments au monde inanimé ou des matières au monde animé. Analogies, parallèles servent aussi bien à caractériser un de Gaulle comme un "chêne qu'on abat", qu'à se moquer d'un Mitterrand en grenouille-marionnette. Dans d'autres cultures, la conception de l'environnement est globale et les individus s'associent à ce qui les entoure dans leurs parures et dans leurs comportements (hommes-lions, femmes-girafes...). C'est bien ce que réalise l'illustrateur Grandville au XIXe siècle quand il "anime" des fleurs. La mélancolie du nénuphar lui fait dire : "Une fois sur la terre, ne pouvant aimer ni être aimée, incapable de s'associer aux peines et aux joies de l'humanité, morne et décolorée, la froide fleur du Nénuphar n'avait trouvé d'autre refuge qu'au couvent."

page 57

Ce poème anonyme publié autrefois dans un almanach populaire est un exemple particulièrement réussi de *rimes alphabétiques*. Chaque fin de vers en effet peut être remplacée par une lettre de l'alphabet. On remarquera que le W n'a pas inspiré l'auteur. Dans le même esprit, certains se sont essayés aux *rimes numériques*. Ainsi, le mausolée du maréchal Maurice de Saxe (1695-1750) porte cette épitaphe :

Son courage l'a fait admirer de chac 1
Il eut des ennemis mais il triompha 2
Les rois qu'il défendit sont au nombre de 3
Pour Louis, son grand cœur se serait mis en 4
Des victoires par an il gagna plus de 5

page 50

Cet alexandrin très connu des apprentis dactylographes est un modèle quasiment parfait de *pangramme* : l'alphabet tout entier y est présent, et ce, en seulement 37 lettres !
Il existe d'autres formules, moins concises ou moins poétiques : "Voyez le brick géant que j'examine près du wharf" (39 lettres), ou, pire encore : "Zut ! Je veux mon whisky ! Quel gland l'a bu ? C'est trop fou !" (42 lettres).

page 51

Gravure de Georges Tcherukine en 1930. Seule la biographie écrite du maréchal Foch forme son portrait.

La lettre est image. Les sémiologues s'appliquent à associer les images au langage. Les images parleraient. Elles seraient comme des phrases. Ici, nous avons un objet sémiologique parfait puisque la photo est discours. Seul un jeu sur les pleins et les déliés dans la longue biographie du maréchal Foch, gravée en 1930, fait apparaître son portrait.
C'est une figure-apparition. Un double fantôme. Il existe virtuellement par la réalité du récit de son existence. C'est un pré-codage numérique ou la continuation transposée des procédés de reproduction des illustrations en imprimerie consistant à donner une illusion visuelle par accumulation mécanique d'une "trame" totalement abstraite quand on la regarde de près (il suffit, pour s'en rendre compte, de s'approcher, par exemple, des gros "points" d'une affiche dans le métro). Foch prend figure grâce à son parcours. Sa vie apparaît. Rarement existe une telle adéquation entre le fond et la forme, la constitution d'une figure emblématique et son visage, la trame et l'apparence ?
Mais Foch était-il vraiment ce portrait stéréotypé de la fin de son existence ?
Nait-on maréchal ?
Texte et images nous abusent.
C'est bien d'un fantôme dont il s'agit.
(Voir document page de droite)

page 52

Présenté par le déjà cité Etienne Tabourot, historien de tous les jeux de lettres, ce rébus utilise un procédé fréquent, la barre de fraction, qu'il convient de lire "sous" ou éventuellement "sur". Ce qui donne :
UN sous PIR VIENT sous VENT D'UN sous VENIR (un soupir vient souvent d'un souvenir).

En voici un autre, tout aussi poétique :

VENT	VIENT	PIRE	VENT
A QUI	D'AMOUR	LE CŒUR	BIEN

(A qui souvent d'amour souvient, le cœur soupire bien souvent)

page 53

Affiche psychédélique de Victor Moscoso créée en 1967 pour Neon Rose avec la légende (à l'endroit en partie droite et à l'envers en partie gauche) : "KMPX. The San Francisco Multiplex. Stereo Dial 107 FM". (Coll. part.)

Généralement, une affiche est faite pour qu'on y voit quelque chose. Une affiche, ça annonce, ça proteste, ça vend. Bref, ça parle en texte ou en image. Depuis les débuts de l'imprimerie (1450 en Occident), les affiches ont servi à proclamer les décisions royales (plus rarement à les contester au début) et à vendre. Ici, le but est le même. Le Californien Victor Moscoso, célèbre graphiste psychédélique des années soixante, vante "KMPX. The San Francisco Multiplex. Stereo Dial 107 FM". Vante-t-il ? Il nous donne surtout une hallucination visuelle où le bleu et le orange (couleurs complémentaires) s'entrelacent pour former une lecture à moitié à l'endroit à droite et à l'envers à gauche, comme le faisait Léonard de Vinci (lisible dans une glace). Le buste d'un personnage en négatif apparaît au milieu avec un visage entre deux yeux-soleils-fleurs. Tout est fait pour n'y rien comprendre. Mais c'est bien là une des techniques destinées à

page 47

Gravure de Levachez à Paris, septembre 1815.
Le profil de Napoléon est découpé dans la feuille de la poire.
(Coll. Part.)

Image cachée dans l'image. Ces caricatures anti-napoléoniennes apparaissent massivement à la fin de son règne. Nous sommes en 1815, date de Waterloo (18 juin). Napoléon abdique le 22 juin 1815. La gravure est diffusée le 2 septembre. Elle n'est donc pas vendue sous le manteau. Elle épouse les évolutions de l'histoire et se présente comme un constat. Ce n'est pas la poire elle-même – forme sous laquelle Louis-Philippe sera moqué quelques années plus tard – qui est à double sens. C'est la feuille qui tombe avec elle. Cette feuille, rongée par d'invisibles chenilles, dessine le profil de l'Empereur. En l'associant, par parallélisme, au fruit, elle raille le personnage alors livré aux Anglais. La forme tout en rondeurs – flatteuse et même érotique quand il s'agit d'évoquer le corps féminin – devient ici péjorative, synonyme de mollesse. La poire, trop mûre, blette, boursouflée, va s'écraser. Napoléon défait préfigure Louis-Philippe. Son profil regarde sa déconfiture.

page 48

Ce texte en prose illustre la méthode de la *littérature définitionnelle*, une des contraintes mises au point par l'Oulipo et en particulier par Raymond Queneau pour renouveler les voies de l'inspiration littéraire.

Le principe est simple : il consiste à choisir une phrase ou un texte (il s'agit ici de *le petit chat est mort*) et de substituer à chaque nom, adjectif, verbe ou adverbe sa définition prise dans le dictionnaire (ici le Petit Robert). Puis on recommence l'opération autant de fois qu'on le souhaite.

Le "petit chat" n'a subi ici qu'un seul traitement, mais rien n'interdit de poursuivre l'opération :

le vertébré à sang chaud et température constante, à respiration pulmonaire, dont les femelles allaitent leurs petits à la mamelle, etc.

page 49

"Maître à danser", instrument de mesure utilisé au XIXe siècle par les compagnons et permettant d'obtenir la taille intérieure et extérieure d'un objet.
(Musée de l'érotisme, Paris)

L'amour se mesure-t-il ?
Transformer un objet utilitaire en symbole à connotation sexuelle, c'est insérer le désir dans le travail. Le temps du refoulement (décrit ainsi par Sigmund Freud), celui où l'individu se "tient" à son rôle social et ne regarde plus les corps mais leurs fonctions, est subverti par la réapparition impromptue et guillerette de la gaudriole.
L'image n'est pas pornographique. Il n'y a pas pénétration, car l'homme ne bande pas. Mais, tout de même, ces joyeux tourtereaux ne cessent de se croiser les sexes dans un mouvement binaire, ouvert-fermé, qui n'est pas sans évoquer le rythme, lui aussi binaire, du dedans-dehors à la base de la copulation.
Le refoulement reste pourtant d'évidence à la base de l'ordre social (si tout le monde se sautait dessus tout le temps, il n'y aurait plus de survie collective). Il s'accompagne heureusement de la sublimation (on transpose ses désirs sexuels). Mais quand des allusions coquines parasitent tout cela, le système risque de s'en trouver bouleversé. Wilhelm Reich trouverait cet objet subversif.

(Voir document page de droite)

page 43

Gravure sur bois allemande montrant la "tête de Luther" devenant tête de fou, vers 1520.
(Coll. part.)

Les violentes oppositions religieuses entre protestants et catholiques en Occident ont été à l'origine de la satire politique. De plus, l'alphabétisation progressa. Les gravures étaient alors fabriquées en latin et dans la langue populaire (ici l'allemand). Cette image s'accompagnait d'un poème moqueur. Mais, en 1520, c'était bien d'abord l'image que le colporteur vendait. C'était elle que les acheteurs voyaient, quitte à se faire lire ensuite les commentaires. Et là le vendeur devait parfois leur expliquer l'astuce par un prompt retournement de situation : Martin Luther, l'instigateur de la religion transformée, réformée, protestante, est un fou. Répondant à beaucoup d'attaques contre le pape (en 1523, Lucas Cranach en fait un âne), il s'agit d'une contestation de la contestation. D'un double monde à l'envers. En effet, les luthériens osent s'attaquer à l'église telle qu'elle est en place. Alors, les catholiques tentent de retourner leurs armes : si Luther conteste l'ordre établi, c'est qu'il est fou. Pareil "c'est-celui-qui-dit-qui-l'est" se retrouvera dans beaucoup de crises politiques dans le monde et les images, par symboles interposés, se retourneront de façon contradictoire.

page 44

Peinture à l'huile sur toile de Christian Zeimert,
Bandes de con, *1990.*
(Coll. part.)

Il est rare d'avoir affaire à un rébus artistique. En effet, les rébus sont généralement relégués à la page jeux des magazines (jusqu'à d'ailleurs progressivement disparaître de nos jours). Là, nous sommes devant une peinture à l'huile sur toile, réalisée dans une facture très classique. C'est un tableau réaliste, traditionnel. Et pourtant irréaliste, parce que ce corps de femme a un bizarre bout de tissu qui lui descend sur le sexe. Cela fait plutôt collage qu'élément de vêture. Bon. Le jeu est triple. Il tient au titre qui est la description littérale de ce que l'on voit, sans évidemment y penser. Il tient à l'allusion : nous sommes ici dans le domaine de l'art, avec de la peinture et un corps de femme qui n'est pas le corps de n'importe quelle femme et des rayures qui ne sont pas n'importe quelles rayures. Le corps s'avère être la reproduction de l'œuvre de Gustave Courbet intitulée *L'Origine du monde* qui, après avoir appartenu à Jacques Lacan, est entrée récemment au Musée d'Orsay. Ce tableau provocateur, réalisme du réalisme, se voit associé à ces fameuses bandes de l'artiste Daniel Buren qui a choisi d'en faire un manifeste depuis les années 1970. Alors, l'assemblage de tous ces éléments en fait à la fois une blague, un tableau et une réflexion sur l'histoire de l'art.

page 45

La figure représentée ici s'inspire du palindrome, mais pour être lue aussi bien vers la droite que vers la gauche, elle doit être disposée en cercle. Serpent qui se mord la queue, elle permet une lecture infinie :
cerise d'été, je te désire, cerise d'été, je te…

Luc Etienne est l'auteur inspiré de cette *cerise* et aussi de *déité tiède* et de *jeunesse, l'or dénudé d'une drôlesse nue…*

page 46

Cette longue colonne de caractères apparemment dénuée de sens contient en fait une chanson : "Qu'est-ce qu'elle a donc fait, la petite hirondelle…". Toutes les lettres y sont, mais pourtant on ne l'identifie pas. Il suffit d'abolir l'écart entre les mots pour que le texte s'efface, retourne au chaos de la casse. Seraient-ce donc l'espace, le vide, l'absence qui font sens ?

page 39

Carte à jouer avec dessin en bleu apparaissant à la lumière.
(Musée de la carte à jouer, Issy-les-Moulineaux)

Cette carte à jouer n'est pas seulement drôle. Elle est violente. L'apparition en transparence d'un dessin bleuté insoupçonné révèle l'intimité du personnage dans sa crudité. Marguerite de Valois pisse debout dans un pot de chambre. Il ne s'agit pas juste d'une blague paillarde mais aussi d'une tradition de la caricature séditieuse. Comme les libelles, c'est au temps de la Réforme que les oppositions entre protestants et catholiques, ajoutées au développement de l'imprimerie, ont multiplié les images critiques vendues par les colporteurs. Marguerite de Valois, dite la reine Margot, épouse de Henri IV, défraya la chronique par sa vie amoureuse. Dans ce jeu de cartes, objet d'usage courant, elle révèle sa vraie nature : bien qu'ayant un sexe féminin hypertrophié (par son appétit), elle pisse comme un mec. Sa nymphomanie rapportée lui vaut en effet des quolibets. Très tôt séparée de son mari, elle consent à l'annulation du mariage en 1599. Une femme libre ne pourrait-elle agir que comme un homme ? C'est ce genre de reproche qui sera adressé aux féministes bien plus tard.
(Voir document page de gauche)

page 40

Faut-il vraiment traduire cette contrepèterie ?
Contentons-nous de rappeler que Luc Etienne parlait, à propos du contrepet, d'une “école d'irrespect”.

Et pour la bonne bouche, citons encore celle-ci : *Quelle peste, Céline !*,

celle-là : *Les bulles du pape sont mornes…*

et cette dernière : *Horace tâtait avec inquiétude le pouls de Sabine…*

page 41

Statuette érotique japonaise, Geisha, réalisée après la Deuxième Guerre mondiale.
(Musée de l'érotisme, Paris)

L'érotisme utilise comme principal mécanisme l'imaginaire. Toute sa science repose dans le dosage du masqué-démasqué, voilé-dévoilé, caché-découvert. C'est bien là – et dans toutes les civilisations – le sens de la parure et du vêtement. Nulle part au monde, des femmes et des hommes se présentent nus sans aucune modification à leur état corporel. Coiffure, tatouages, peintures, bijoux, accessoires, le corps est accompagné, mis en valeur. Une des principales sources de songe érotique, à la base du désir, est d'imaginer l'autre dans une posture différente de son apparence du moment. Voilà la base de tous ces bibelots érotiques. La geisha est sage, soumise, timide avec son éventail pudique dans la main. Elle sourit dans une position agenouillée qui évoque celle de la prière. Et, par une glace oblique impertinemment surgie dans la terre, nous comprenons le sens caché de son sourire. Il est libertin. Elle offre son sexe dans un cœur charnel, au sol et à nos regards. Tout se recompose. Le mécanisme du désir est bien celui-là : comprendre autre chose que ce que l'on voit. Regarder un individu et imaginer. L'amour serait-il toujours une image cachée ?
(Voir document page 108)

page 42

A première vue, cette œuvre d'Alphonse Allais ne présente rien d'étonnant, si ce n'est peut-être son inspiration discrètement paranoïaque.
A première vue, et même à seconde vue…

Car ce poème n'est destiné qu'à la vue, puisqu'il est fait de *rimes riches à l'œil*, et non à l'ouïe. Des rimes qui ne riment pas, bien que les mots se ressemblent à s'y méprendre. Des rimes pour les sourds-muets de naissance, assurait Alphonse Allais, soucieux d'équité.

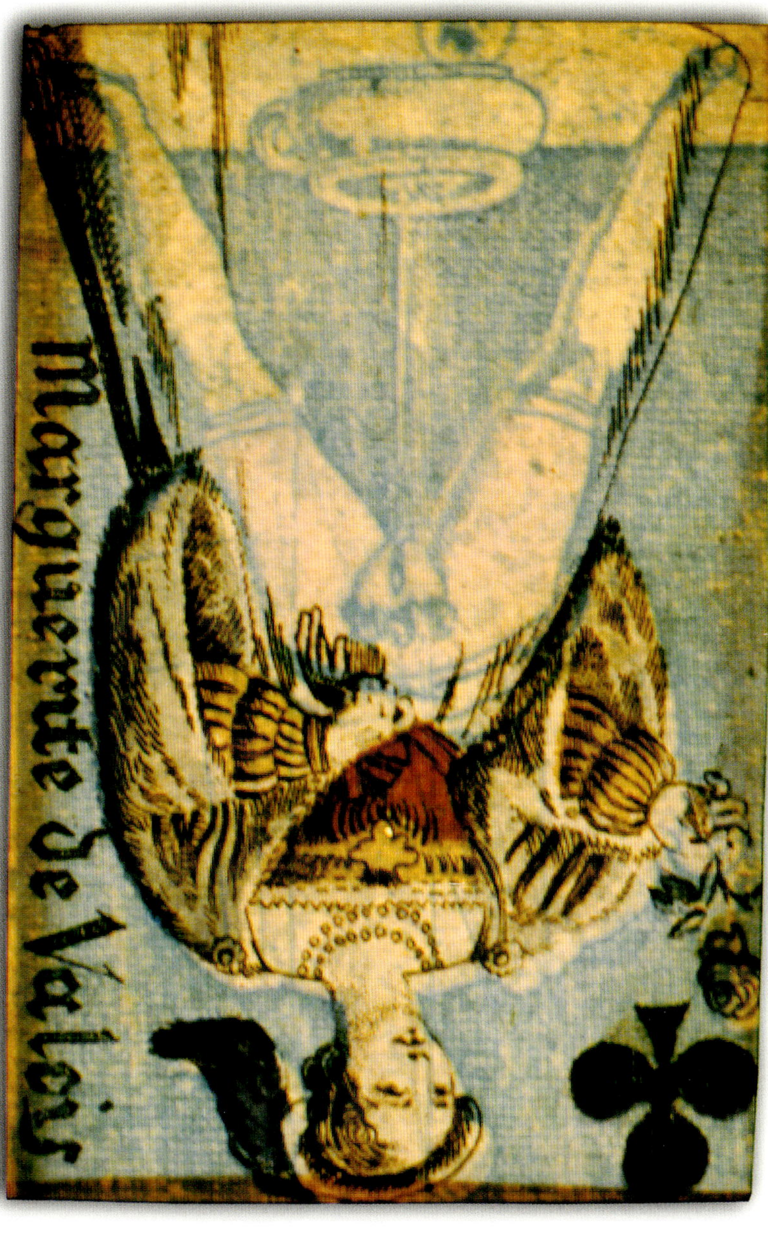
Marguerite de Valois

VOL. 26 No. 657
MAY 19 1894
PRICE 10 CENTS
Judge
WILSON TARIFF BILL
GILLAM
DEATH TO OUR INDUSTRIES!
That is what the Cleveland-Wilson conspiracy means.

poètes impliqués dans ce sonnet, les voici, vers par vers :

1. Arthur Rimbaud *(Paris se repeuple)*
2. Charles Baudelaire *(le Balcon)*
3. Victor Hugo *(A Villequier)*
4. Victor Hugo *(la Sortie de l'ombre)*
5. Maurice de Guérin *(les Retrouvailles)*
6. Paul Valéry *(la Jeune Parque)*
7. Paul Verlaine *(Amour)*
8. Gérard de Nerval *(le Christ aux oliviers)*
9. Leconte de Lisle *(les Hurleurs)*
10. Henri de Régnier *(la Lune jaune)*
11. Anna de Noailles *(Les Regrets)*
12. Paul Verlaine *(Sagesse)*
13. Alphonse de Lamartine *(la Vigne et la Maison)*
14. Alfred de Musset *(Une soirée perdue)*

Le centon fut très prisé sous l'Antiquité. Ainsi, *Une vie de Jésus-Christ* fut composée à partir de *l'Iliade* et de *l'Odyssée*. Plus récemment, c'est une histoire de la Révolution française qui fut montée à partir des auteurs latins. Citons encore *les Demoiselles d'A.*, de Yak Rivais, composé de 750 fragments tirés de 408 auteurs différents !

page 37

Couverture du magazine américain Judge, *publiée le 19 mai 1894 à New York avec un dessin de Gilliam.* *(Coll. part.)*

La couverture de la revue new-yorkaise *Judge* en 1894 joue sur la myopie. Elle est composée de manière à ce que le passant venant acheter ses journaux aperçoive une tête de mort inquiétante. Et puis, s'approchant, prenant le magazine en mains, il découvre en fait que deux personnages conversent autour d'une table dans un salon. Alors que la presse se développe sans concurrence à cette période, l'effet d'optique est double. C'est une technique commerciale d'accroche : le jeu "plus loin-plus près" frappe l'acheteur potentiel, d'autant plus que l'image de départ est violente. Mais c'est aussi un dessin de presse, c'est-à-dire que son objet n'est pas seulement d'amuser, puisque le propos est la prétendue "mort de nos industries". Le jeu visuel s'avère commercial et politique. L'hallucination fait vendre en cherchant à convaincre. Double manipulation.

(Voir document page de droite)

page 38

Cette affectueuse lettre d'amour, attribuée à George Sand, est en réalité un message secret que seul le destinataire initié peut apprécier à sa juste valeur. Il suffit de sauter une ligne sur deux pour que les intentions de l'auteur apparaissent dans leur éclatante authenticité.

Ce genre de procédé fut largement utilisée dans la correspondance amoureuse. Ainsi cette lettre, signée à première vue d'un mufle, et qu'un mari jaloux ou un père ombrageux pourrait lire sans colère, sauf s'il s'avisait de n'en lire qu'une ligne sur deux :

Mademoiselle,
Je m'empresse de vous écrire pour vous déclarer
que vous vous trompez beaucoup si vous croyez
que vous êtes celle pour qui je soupire.
Il est bien vrai que pour vous éprouver,
je vous ai fait mille aveux. Après quoi
vous êtes devenue l'objet de ma raillerie. Ainsi
ne doutez plus de ce que vous dit ici celui
qui n'a eu que de l'aversion pour vous, et
qui aimerait mieux mourir que de
se voir obligé de vous épouser, et de
changer le dessein qu'il a formé de vous
haïr toute sa vie, bien loin de vous
aimer, comme il vous l'a déclaré. Soyez donc
désabusée, croyez-moi; et si vous êtes encore
constante et persuadée que vous êtes aimée,
vous serez encore plus exposée à la risée
de tout le monde et particulièrement de
celui qui n'a jamais été et ne sera jamais
Votre serviteur,
A…

On évitera cependant d'utiliser ce type de cryptage, plus artistique que réellement confidentiel, pour transmettre des secrets militaires, économiques ou industriels…

Par le bois du Djinn où s'entasse de l'effroi
Parle ! Bois du gin !... ou cent tasses de lait froid.
(L'auteur précise en post-scriptum que "le lait froid absorbé en grande quantité est bien connu pour donner du courage aux plus pusillanimes".)

D'Allais toujours, citons l'*Exhortation au pauvre Dante :*
Ah ! Vois au pont du Loing ! De là, vogue en mer, Dante !
Hâve oiseau, pondu loin de la vogue. ennuyeuse.
(L'auteur précise : "La rime n'est pas très riche, mais j'aime mieux ça que la trivialité !")

Victor Hugo, peu inspiré, a quant à lui composé :
O fragiles Hébreux; allez, Rébecca, tombe !
Offre à Gilles zèbre, œufs; à l'Erèbe, hécatombe !

En revanche, contrairement à la légende, celui-ci n'est pas de Victor Hugo, mais de Marc Monnier :
Gall, amant de la reine, alla, tour magnanime,
Galamment de l'arène à la tour Magne, à Nîmes.

Charles Cros est l'auteur de ce quatrain :
Dans ces meubles laqués, rideaux et dais moroses.
Où dure, Eve d'efforts sa langue irrite (erreur !)
Ou du rêve des forts alanguis rit (terreur !)
Danse, aime, bleu laquais, ris d'oser des mots roses.

Enfin, toujours de Lucien Reymond :
Dans ton site sévère assistant sa prestance,
Danton cite ces vers, assis, stance après stance.
Ah ! quitte ainsi ta tante et va, l'heure est amère,
A qui t'incita tant, Eve, à leurrer ta mère.

page 33

Carte postale rébus envoyée à Louvain en Belgique en 1906 : "A-V-queue-sept cartes-mât-pensée-100-veau-l'-œufs-verre-V'-houe". (Coll. part.)

Cette carte postale-rébus est l'héritière d'une tradition qui remonte au XVIe siècle occidental. Le mot "rebus" est l'ablatif pluriel du latin "res" ("chose"). Nous voyons donc des "choses", des riens, qui sont alignés. Et nous songeons à une devinette. Mais ces fameuses "choses" commençaient par ne rien nous dire justement. Elles servaient à cacher le propos dans les temps de carnaval (notamment à Arras, en Picardie). Et, à force de regarder ces riens absurdes, chacun cherchait ce qui pouvait bien s'y trouver. Surréalisme avant la lettre, de tels défilés hétéroclites mêlant images, caractères alphabétiques, chiffres, chacun détourné de son sens premier, sont des jeux de l'esprit. Ils pourraient servir à véhiculer des pensées séditieuses. Mais leur tradition est bien celle du carnaval : rien de ce que l'on voit n'est normal. Tout est sens dessus-dessous.

page 35

Extrait de l'ouvrage de Roland Topor Laid Poulet (les poulets), *publié chez Yves Rivière en 1978 à Paris : "un b cil".* (Coll. part.)

Nul étonnement à ce que les artistes récents aient continué la tradition du rébus. Chez Roland Topor, elle s'inscrit parfaitement dans son propos : en se servant d'une technique de dessin très traditionnelle, avec ces hachures pour les ombres typiques des illustrations du XIXe siècle, il y place des messages explosifs. C'est le détournement du sens qui l'occupe. Nous regardons cet œil en nous demandant vraiment pourquoi la lettre "b" sagement calligraphiée s'y promène comme sur un panneau d'oculiste ou dans un livre d'apprentissage de la lecture pour petits enfants. Nous sommes troublés, d'autant plus troublés que l'iris remonte sous la paupière dans un pré-sommeil. L'œil, lui aussi, n'est pas dans une position habituelle. Et puis, en retournant le petit livre, nous nous sentons vraiment crétins.

page 36

Cet élégant sonnet est l'œuvre de Jacques Bens. Enfin... Plutôt que d'œuvre, il serait préférable de parler de montage, de mosaïque ou de patchwork. Car chacun des vers qui compose ce poème est emprunté à un auteur différent. C'est ce qu'on appelle un *centon* (du nom des sous-vêtements des légionnaires romains, faits de bouts de tissu cousus). Pour le lecteur distrait, qui n'aura pas reconnu tous les public savant, il est une application des théories de la Gestalt, c'est-à-dire des études sur le conditionnement visuel : l'illusion d'optique nous abuse. A nous alors de scruter les images. Leur double sens ne relève cependant pas de la codification des services secrets, car trop sujette à interprétations ou trop limpide. Pour de tels messages, il faut un langage, un "chiffre" à transposer. Les images, elles, servent plutôt la propagande insidieuse des agents d'influence, leurs rumeurs, mots et figurations sans équivoque, démonstratives. Méfions-nous donc davantage des évidences que des rochers paisibles.

(Voir document ci-dessous)

page 30

C'est Louise de Vilmorin qui nous pose brutalement cette question, et ce quel que soit le sens de lecture, de gauche à droite ou de droite à gauche : c'est un palindrome.

page 31

Carte postale photographique, 1910.
(Coll. part.)

Voilà une carte postale-piège. En effet, à une époque où les jeux visuels triomphent, tout le monde cherche les deux tourtereaux, dont ne restent que les chapeaux et une ombrelle. Et de tourner et retourner la photographie dans tous les sens. Et d'essayer d'échapper aux illusions visuelles pour réinterpréter différemment chaque contour. Mais il n'y a rien à voir. Sauf ce qui semble visible. Chacun est invité pourtant à décrypter, alors que – nous le savons – les images les plus mensongères (les sévices, les charniers avec fausses attributions) sont diffusées devant l'opinion publique internationale avec l'aplomb de l'indiscutable "preuve" photographique. Là, la scène centrale reste définitivement cachée. Elle est virtuelle. Elle s'inscrit dans notre imaginaire. Les amoureux sont enfouis dans le foin. Laissons-les. Vive l'invisible !

page 32

Ce poème en alexandrins, dû à Lucien Reymond, est entièrement écrit en *vers holorimes* (ou *olorimes*) : c'est en quelque sorte l'apogée de la rime, puisque c'est le vers tout entier qui rime avec un autre. Séduits par la tentation de la rime intégrale, de nombreux poètes s'y sont essayés, avec plus ou moins de succès et au risque pour certains d'en perdre la raison. Ainsi Alphonse Allais, olorimeur enragé, s'est lui-même reconnu atteint de "maboulite olorimeuse". C'est à lui qu'on doit ces *Conseils à un voyageur timoré qui s'apprêtait à traverser une forêt hantée par des êtres surnaturels :*

nombre considérable de représentations érotiques. Elles sont bien sûr le fait de l'anti-cléricalisme, pointant les égarements suspects (sur un plan politique, le radical Emile Combes fait voter en 1904 la séparation de l'Eglise et de l'Etat). Mais elles sont aussi issues des récits de saintes ou de saints racontant leurs "extases mystiques". Alors, les artistes les transposent, non sans une grande ambiguité (le Bernin à Rome). Quand il y a extase, le corps est-il vraiment absent ? Et l'esprit, notamment par la sublimation, n'est-il pas central dans la jouissance amoureuse ?

(Voir document page de droite)

page 28

Il s'agit ici d'une charmante contrepèterie, à la simplicité enfantine. Aussi nous laisserons au lecteur le soin de la traduire.

Si Rabelais (avec ces fameuses *femmes folles à la messe* et son célèbre village de *Beaumont-le-Vicomte*) passe pour avoir été l'inventeur de ce procédé, qu'on appelait alors *antistrophe*, c'est Etienne Tabourot, sieur des Accords, qui en a été au XVIe siècle le premier historien. Mais c'est à partir du XIXe siècle que la figure va véritablement s'épanouir et se multiplier, prisée tout à la fois des surréalistes, des pataphysiciens, des publicitaires, des psychanalystes et des dyslexiques.

Notons toutefois que, quels que soient ceux qui la pratiquent, la contrepèterie se nourrit toujours aux mêmes sources d'inspiration – la gauloiserie et la scatologie – qu'elle transcende en divertissement d'esthète ou en acrobatie de virtuose.

Il suffit pour s'en convaincre de lire les quelques exemples qui suivent, puisés dans diverses anthologies.

Manuel du contrepet (de Joël Martin) :
- Le vieux maçon ne supporte pas de voir sa fille débâtir.
- Ecartez ce sloop et vous verrez un trimaran.
- La femme a dans la peau un grain de fantaisie.
- Le fakir est arrivé à pied par la Chine.
- Les écolières parlent de foot en babillant.
- Cette presse est spécialiste du foot.

L'Art du contrepet (de Luc Etienne) :
- Votre poire a un goût de terrine.
- Ce pédant rentre-t-il bien de Nice ?
- Nos élèves apprennent à calculer en cent leçons.

Le Tout de mon cru (de Jacques Antel) :
- Le sectaire se prend pour un sphinx.

La Redoute des contrepèteries (de Louis Perceau) :
- Les nouilles cuisent au jus de cane.
- Je crains l'avidité des concierges.
- Elle m'a menti la sotte !
- La fermière sait que sa poule mue, aussi vit-elle aux champs.
- Dès qu'on touche à son petit banc, cet enfant boude.

Et celle-ci, qui est double :
- La philantropie de l'ouvrier charpentier.

Cette autre, complexe :
- L'aspirant habite Javel.

Pour finir sur une note plus poétique, ce vers de Musset à Sand :
Mais quand les vents sifflaient sur la muse au front pâle...

page 29

Devinette de l'imagerie Pellerin à Epinal. Présentées en planche sous forme de séries, ces devinettes sont imprimées à la fin du XIXe siècle avec grand succès et réimprimées jusqu'à nos jours. (Coll. part.)

Le Sultan Saladin s'est pétrifié. Il est devenu rocher. Voilà une des énigmes amusantes de l'imagerie Pellerin à Epinal qui eurent tant de succès à la fin du XIXe siècle et au début du XXe. Ce procédé de l'image cachée dans l'image sera multiplié sur les cartes postales ou les assiettes. Il est un ancêtre du développement des jeux sur les mots (mots croisés) et surtout sur les dessins (jeu des 7 erreurs) qui se développent dans la presse mondiale pendant l'entre-deux-guerres. Pour un

Le principe consiste à insérer au sein d'une phrase un nom de telle manière qu'il s'y fonde phonétiquement. Le lecteur aura sans nul doute reconnu l'ancien président de la République qui se cache dans la phrase. Mais saura-t-il trouver le chanteur qui se dissimule dans cette autre phrase bien truffée de Laclos :
Debout à Lunéville, j'en ris comme assis à Sedan ?

Devinera-t-il qui est à l'ombre de cet alexandrin :
Tu errais, mon barbare, dans la ville de Lyon… ?

Et reconnaîtra-t-il la femme qui se glisse derrière ces mots :
Mon amie Sheila lit : Omar y m'a tuer, mais elle lit mal, car elle n'a pas mis ses lunettes…"?

page 25

Peinture de
Giuseppe Arcimboldo,
L'Homme-Potager, *vers 1590.*
Cette œuvre est réversible.
(Musée de Crémone)

Renversant. Ces légumes dans une bassine forment la tête d'un personnage joufflu. Le peintre, Giuseppe Arcimboldo, est né à Milan, mais effectue l'essentiel de sa carrière auprès de Maximilien, roi de Bohème. Son travail, très reconnaissable, est en fait inscrit dans la tradition du "grotesque", de la caricature. Au début des années 1480, la Domus Aurea de Néron alors enterrée est découverte à Rome. Les artistes se précipitent dans cette immense "grotte" et restent fascinés par les fresques mêlant des fantaisies décoratives. Sous leur influence se développent ce qui sera appelé le style maniériste et les "grotesques". Léonard de Vinci ou Lomazzo réalisent les premières caricatures (de l'italien "caricare", charger, exagérer). Elles ne sont pas politiques mais expriment une forme de fascination devant le "monstrueux" et la précarité de la condition humaine. Arcimboldo nous donne ici le même message : l'homme n'est au fond qu'un tas de légumes.

page 26

Le rébus est ici purement typographique : pas d'images, pas de barres de fraction, pas de chiffres. Juste des mots qui se suivent, dans des caractères différents. La solution est limpide : "Les jours se suivent, mais ne se ressemblent pas." Le rébus suivant, inventé par un membre du Collège de Pataphysique, est sans doute le plus minimaliste qu'on puisse imaginer :

La solution s'impose mais ne suffit pas : "Il est entré au Ministère sans chapeau ni parapluie". Voici donc l'explication de la solution : Il est entré *(omis) (ni)* stère *(sans)* chapeau *(ni)* parapluie…

page 27

Faïence populaire anti-cléricale française de la fin du XIXe siècle.
(Coll. part.)

Ce curé en prière peut vraiment connaître l'extase. Il s'affaire sous la chaire. Ses mains jointes dressées vers le ciel auraient dû éveiller l'attention. C'est au septième ciel qu'il adresse son gémissement. L'interdit de la sexualité dans la religion catholique pour les prêtres et les bonnes sœurs provoque en retour un

Attention !

Vous n'avez pas tout compris ?
Comme dans les jeux et devinettes d'autrefois,
voici maintenant les solutions, l'envers des sens.
Ces énigmes correspondent à des procédés très variés dont sont expliqués ici l'historique
et le fonctionnement. Vous découvrez alors une petite encyclopédie
des manières de coder la littérature et les images.
Donc une manière de décoder.

pages 11 et 12

Derrière cette injonction sarcastique (due à l'oulipien Jacques Bens) et cet alexandrin anonyme et quelque peu abscons se cache la plus acrobatique des figures, le roi du double sens : *le palindrome*, c'est-à-dire une phrase qui peut être lue indifféremment dans un sens ou dans l'autre, lettre par lettre.

Certains mots ou certains noms propres constituent ce qu'on pourrait appeler des "palindromes naturels". Ainsi "ressasser", "sexes", "radar", "Eve", "Laval", etc. Mais pour que le palindrome brille de tout son éclat, il faut qu'il aligne plusieurs mots pour former une phrase entière, voire plus (certains palindromes de Georges Perec comptent plus de 5 000 caractères).

Même s'il existe des recettes pour fabriquer des palindromes (partir du centre, ou partir des extrémités…), la tâche est plus qu'ardue. Comme le dit Pierre Bailly dans son article "L'éclat du palindrome" (Revue *Bizarre*, n°1), "l'intérêt du palindrome est qu'il pense tout seul… Quelque chose s'est mis à penser, bien que ce quelque chose n'existe pas !" En quelque sorte, le palindrome préexisterait à l'homme.

Il n'est pas étonnant que la tradition latine et médiévale lui ait attribué un pouvoir magique ou sacré. Moins mystique, Pierre Larousse n'y voyait quant à lui que "difficiles puérilités" auxquelles il n'y a pas lieu de demander "un sens un peu raisonnable". Les exemples qui suivent aideront le lecteur à se faire sa propre idée sur la question.

- Venu du Moyen-âge, le célèbre : "L'âme des uns jamais n'use de mal."
- Venu de plus loin encore, le palindrome latin qui servit de titre à un ouvrage et à un film de Guy Debord : "In girum imus nocte et consumimur igni." ("Nous tournons en rond dans la nuit et nous sommes consumés par le feu").
- Attribué à Charles Cros : "Léon, émir cornu d'un roc, rime Noël."
- De Luc Etienne, orfèvre en la matière : "Sexe vêtu, tu te vexes ?" ou "L'âme d'Eve rêve de mal."
- De Louise de Vilmorin, orfèvre elle aussi : "L'âme sûre ruse mal."
- De Michel Laclos, un autre orfèvre : "Et Luc colporte trop l'occulte."
- De Jacques Bens, déjà cité en tant qu'orfèvre : "Tu l'as trop été, Port-Salut !"
- Sans oublier les palindromes enfantés par d'anonymes orfèvres : "Elu par cette crapule", "Esope reste ici et se repose" ou encore "Car tel Ali, il a le trac"…

Aux esprits trop raisonnables qui seraient tentés de reprocher au palindrome une certaine obscurité sémantique, rappelons que la poésie et la magie de cette figure réversible résident précisément dans son double sens. Alors peu importe le sens, au sens strict du mot…

page 13

Canne séditieuse réalisée après la Révolution française et montrant, par ombre portée, le profil de Louis XVI.
(Coll. part.)

Le pommeau de cette canne séditieuse révèle, en étant correctement éclairé, le visage de Louis XVI. Cela permettait pour les royalistes français, après la Révolution, de discrètement évoquer leurs choix. La méthode est plus ancienne, mais elle connaît alors un fort développement lié aux débats en cours aussi bien en France qu'en Europe. Ce genre d'ombre cachée montre en fait l'émergence des expressions politiques, même si ce n'est pas encore dans un cadre démocratique.
(Voir document page de droite)

page 14

Cet élégant décasyllabe (de Claude Gagnière) réussit l'exploit d'être à la fois une *anagramme* et une assertion parfaitement juste quant au mot qui y est anagrammisé.

Rappelons que l'anagramme est un mot ou une phrase obtenus en mélangant les lettres d'un autre mot ou d'une autre phrase. Le mot ici transposé est "anticonstitutionnellement", le mot le plus long de la langue française et à ce titre le plus léonin, roi de la langue en quelque sorte (si c'est à la longueur qu'on évalue la puissance…). Simple jeu de lettres en apparence, l'anagramme fut utilisée dans l'Antiquité à des fins magiques ou

prophétiques. En faisant apparaître le mot ou la phrase qui se cachent derrière les lettres de notre nom, elle était censée révéler la clé de notre destinée ou notre véritable nature.
Devenue plus légère par la suite, l'anagramme garde pourtant de ses origines ésotériques un troublant parfum de mystère.
Ainsi, avec les lettres de "Frère Jacques Clément" , assassin de Henri III, on obtient *c'est l'Enfer qui m'a créé*. Avec celles de "Napoléon, empereur des Français", *Un pape serf a sacré le noir démon*. La "révolution française" : *Un véto corse la finira*. "Vincent Auriol" devient *Voilà un crétin !* "Proust" se métamorphose en *pur sot*, "Salvador Dali" en *Avida Dollars*, "Boris Vian" en *Bison Ravi*, "Paul Verlaine" en *Pauvre Lélian* et "Raymond Queneau" en *Rauque Anonyme*.

page 15

Il s'agit là d'un *acrostiche*, jeu littéraire très ancien qui permet à un poème ou à une strophe d'être lus à la fois horizontalement et verticalement. Dans sa forme la plus classique, ce sont les initiales de chaque vers qui composent un nom lisible de haut en bas. L'acrostiche présenté ici est un *acrostiche de mots*. Pour découvrir le sens caché de la déclaration enflammée que Musset adresse à Sand, il suffit de lire de haut en bas le premier mot de chaque vers. La réponse de Sand emprunte le même procédé. Soit :

"Quand voulez-vous que je couche avec vous ?
- Cette nuit..."

pages 16 et 17

Carte animée allemande de la fin du XIXe siècle. Le dessin des côtes illustre le dialogue de deux personnages. (Coll. part.)

Deux personnages se parlent. Une femme à gauche et un homme à droite. Leurs contours épousent les formes des pays. Il s'agit d'une carte animée. Elles connaissent une grande vogue au XIXe siècle jusqu'à la Première Guerre mondiale. Ce jeu visuel permet en effet de caractériser les nations qui se constituent après la Révolution française avec des symboles forts : personnages comme Marianne pour la France, John Bull pour l'Angleterre, ou animaux, tel l'ours russe. Avec amusement, les alliances, les affrontements, les débats en cours, se décodent dans une sorte de fable topographiée.

pages 18 et 19

Ces *Plaintes d'une femme déçue*, publiées dans le *Canard enchaîné*, sont l'œuvre d'un poète désireux de rester anonyme. Respectons sa modestie, mais louons sa virtuosité, car chacun de ces vers contient, ô prodige, une *contrepèterie*. Soit, pour reprendre la définition de Luc Etienne, auteur de *l'Art du contrepet*, "une phrase d'apparence anodine qu'un lapsus convenablement choisi peut rendre agéablement déplacée". Par "agréablement déplacée", il faut entendre "délicieusement inconvenante", "divinement triviale" ou "merveilleusement scabreuse".
Traduit, ce poème ne serait plus que "lourdement grossier" ou "vulgairement obscène". Nous nous contenterons donc de donner pour chaque vers les mots où des lettres ou des syllabes doivent être interverties : *vers* et *envi*, *femme* et *déçue*, *but* et *quête*, *l'attente* et *fait*, *vents* et *hiver*, *talus* et *appas*, *dense* et *réduit*, *conter* et *don*, *pâle* et *mine*, *banc* et *tarder*, *l'amante* et *fit*, *froid* et *doutait*, *dénouer* et *vœu*, *voix* et *lit*, *bras* et *m'adonner*, *vin* et *conquit*, *fous* et *tresses*, *vent* et *hardi*, *but* et *riens*, *lourdes* et *goût*, *livres* et *peine*, *doux* et *fard*, *abordai* et *couche*, *tête* et *luttai*, *bois* et *lésée*, *vent* et *sifflait*, *bête* et *tapie*, *son* et *cor*, *voyant* et *nid*, *sentis* et *peine*, *quitte* et *but*, *jouit* et *passer*, *vierge* et *en terre*, *couleurs* et *don*, *accorde* et *but*, *fer* et *envie*, *ave* et *parole*, *mâle* et *sots*, *don* et *coûteux*, *mythes* et *bien*, *mine* et *peine*, *cri* et *vain*, *fis* et *l'amante*, *mont* et *l'écho*.
A titre d'exemple, voici ce que le titre devient après ce traitement : "Plaintes d'une dame fessue."

page 20

C'est à Luc Etienne qu'on doit l'invention de cette figure appelée *asphyxie*. Le principe du jeu est simple. Pour découvrir le sens caché du texte, il suffit de "l'asphyxier", c'est-à-dire de le priver d'air (de "R"). La phrase citée en contient trois : "nurse", "grosse" et "rusée". Nous laissons au lecteur le soin de les supprimer et, s'il le souhaite, de s'exercer sur ces autres propositions :
- *l'arbitre gratte la nurse* (on notera au passage que l'asphyxie est friande de nurses, ainsi que d'arbitres, de braise, de cru...)
- *le bel Armand a fait sursauter l'arbitre*
- *sans cœur, pas de braise...*

A l'inverse de l'asphyxie, l'aération consiste à donner un peu d'air (de "R") à un texte : *Ne faites pas la gaie, faites la moue...*, ou *Que cachez-vous dans la haie au Benoît ?*, ou bien *Ça sent le foot et la came ici...*

page 21

Planche de bande dessinée de Gustave Verbeck à histoire réversible, parue de 1903 à 1905 à New York sous le titre "The Upside Downs of Little Lady Lovekins and Old Man Muffaroo", rééditée en français par Pierre Horay en 1978.
(Coll. part.)

Voilà une bande dessinée retournée, au sens propre. Parue dans le *New York Herald*, elle se retourne et transforme alors la petite fille en vieil homme (et vice-versa). Ce procédé très original, comme d'ailleurs le travail de Verbeck, né à Hiroshima, d'origine flamande et émigré aux Etats-Unis, sous l'influence de Lewis Carroll (auteur d'*Alice au pays des Merveilles*), inspirera l'Oubapo. En effet, l'Ouvroir de bande dessinée potentielle est un émule de L'Oulipo (Ouvroir de littérature potentielle). Sous l'impulsion de l'écrivain Raymond Queneau et du scientifique François Le Lionnais, l'Oulipo se crée en 1960. Il comptera des auteurs comme Georges Perec ou Italo Calvino. Son principe est de réaliser des œuvres en se fixant des contraintes (Georges Perec écrit ainsi un roman sans utiliser la lettre "e", qui est la plus employée de la langue française). L'Oulipo fait des émules et désormais certains auteurs de bande dessinée travaillent, eux aussi, en s'imposant des règles. Méfiez-vous donc des "petits Mickeys".

page 22

Encore un acrostiche, mais celui-ci, de Jacques Bens, est un *acrostiche de syllabes*. Ce sont les premières syllabes de chaque vers qui composent, lues de haut en bas, le titre emblématique d'une chanson inoubliable.

page 23

Gravure réalisée au XIXe siècle d'après une peinture de 1710 ornant le palais de Jaipur en Inde (Rajasthan).
En cachant avec ses mains des parties de ces gravures pour ne laisser apparaître qu'un torse et des jambes, on s'aperçoit que les combinaisons sont multiples.
(Coll. part.)

En Inde déjà, au début du XVIIIe siècle, des jeux visuels – clonage avant l'heure, permutation des individus imbriqués les uns dans les autres, au sexe indéterminé, sorte de premier état égalitaire, fascinaient : plusieurs en un, un en plusieurs, dans un melting pot universel grégaire. L'estampe japonaise reprend ce procédé ayant grand succès en Asie au XIXe siècle. En fait, avec la croix qui se dessine de façon centrale, elle organise une image combinatoire. Vous croyez voir deux bébés tête-bêche, mais vous en avez quatre. Il suffit pour cela de tourner l'image d'un quart de tour et d'en cacher une moitié. Pareille fécondité rayonnante relève bien sûr du jeu, mais est aussi symbolique. Depuis les premières peintures inscrites sur les parois des cavernes, la représentation ne cherche pas à

décrire ce que l'homme regarde, mais, à travers des symboles, à donner une transposition magique de l'univers et de ses forces en mouvement. Toutes les religions utiliseront des figurations qui ne sont pas là pour montrer individu, objet ou animal, mais jouent sur le double sens. Attention à la multiplication des bébés. Car est-ce là la proclamation d'un stade primaire idéal où chacun se vaut ou la démonstration d'une robotisation d'êtres identiques ?
(Voir document ci-dessous)

page 24

Ce jeu doit tout à Michel Laclos : il lui doit son nom, la *phrase truffée,* il lui doit la phrase ici citée, il lui doit aussi le récit de ses origines ainsi que l'énoncé de ses règles.
Ce jeu donc, dont il ne reste quasiment aucune trace, a été inventé par un certain Pierre Izambard à la fin du XIXème siècle et fit fureur parmi les habitués du "Chat noir", cabaret artistique de Montmartre fréquenté par Alphonse Allais et autres gens d'esprit.

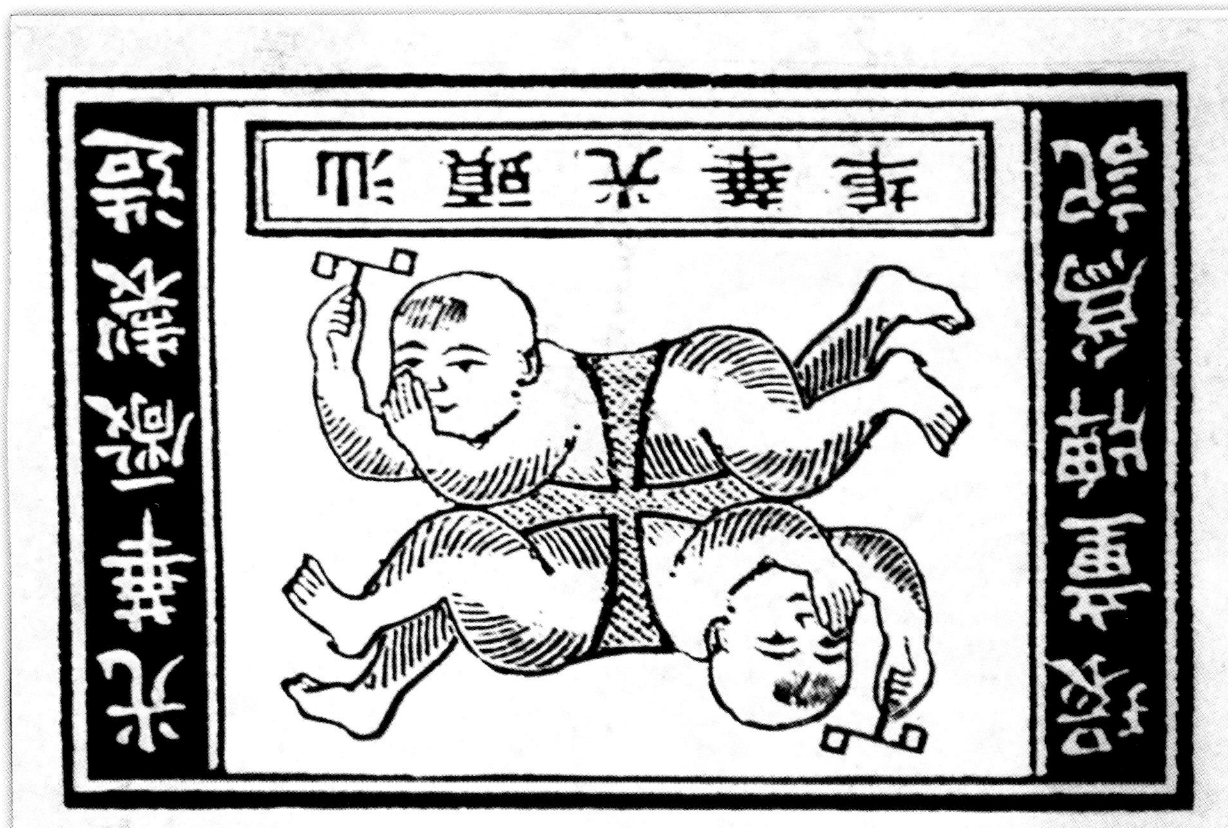

L'ENVERS DES SENS

Photogravure, maquette, graphisme : Moulinet SARL 94700 Maisons-Alfort
Impression et façonnage : Just Colour Graphic, Barcelone
Achevé d'imprimer en mars 2001
IMPRIMÉ DANS L'UNION EUROPÉENNE